Csaba Szépfalusi

Schneeschuhwandern

Csaba Szépfalusi

Schneeschuh-wandern

Die schönsten Touren in den Wiener Hausbergen

Residenz Verlag

Abkürzungen

A	Autobahn
B	Bundesstraße
BEV	Bundesamt für Eich- und Vermessungswesen
bew.	bewirtschaftet
Bf	Bahnhof
Dez.	Dezember
Di	Dienstag
Do	Donnerstag
F&B	Verlag freytag & berndt
Febr.	Februar
Fr	Freitag
Ft	Feiertag
geschl.	geschlossen
GH	Gasthaus
GH's	Gasthäuser
gj	ganzjährig
Hst.	Haltestelle (Bahn)
Hm	Höhenmeter im Aufstieg
Jän.	Jänner
m	Meter
Mi	Mittwoch
Mo	Montag
Nov.	November
Okt.	Oktober
orogr.	orografisch (= in Fließrichtung)
ÖK	Österr. Karte 1:50 000 des BEV
Pkt.	Punkt (bezieht sich auf eine Höhenkote in der Karte)
Rt	Ruhetag
S&R	Karte 1:25 000 „Schneeberg & Rax" des BEV.
Sa	Samstag
So	Sonntag
We	Wochenende

Der Autor ist alle Touren persönlich abgegangen. Trotz der dadurch gewährleisteten größtmöglichen Aktualität kann für die Richtigkeit der Angaben keine Haftung übernommen werden. Die Begehung der Touren erfolgt auf eigene Gefahr und Verantwortung.

Der Autor dankt allen Begleiterinnen und Begleitern, die mit ihm gemeinsam bei seinen privaten Touren und bei den zahlreichen Ausbildungskursen und Führungstouren des OeAV, Alpenverein Edelweiss, Schneeschuhspuren hinterlassen und damit Anteil am Zustandekommen dieses Buchs haben.

In der Folge werden alle Benützerinnen und Benützer aus Gründen der Kürze und Lesbarkeit als Wanderer und Geher betitelt.

Wenn Sie dem Autor etwas mitteilen möchten: csaba@vienna.at

Bibliografische Information der Deutschen Bibliothek
Die Deutsche Bibliothek verzeichnet diese Publikation in der Deutschen Nationalbibliografie; detaillierte bibliografische Daten sind im Internet über http://dnb.ddb.de abrufbar.

www.residenzverlag.at

Bildnachweis: Alexandra Schindelar: S. 11, 23.
Alle übrigen Fotos: Csaba Szépfalusi
Karten: ARGE Karthographie, St Georgen Im Steinfeld
Umschlaggestaltung: druck- und werbeagentur tanczos KG, St. Florian
Grafische Gestaltung/Satz: druck- und werbeagentur tanczos KG, St. Florian
Gesamtherstellung: KARROH s.r.o., Brno

ISBN 978-3-7017-3120-6

Inhalt

Faszination Schneeschuhwandern

Schneeschuhwandern hat sich in den vergangenen gut fünfzehn Jahren zu einem Fixstern am alpinen Wintersporthimmel entwickelt. Anfangs zum Teil belächelt und mitleidig abgetan, haben inzwischen breite Bevölkerungsschichten die Vorzüge dieser Aktivität erkannt und zu schätzen gelernt. Der Mix aus leichter Erlernbarkeit der Gehtechnik, einem die Grundlagenausdauer fördernden kontrollierten Ganzkörpereinsatz ohne besondere Verletzungsgefahren sowie dem faszinierenden Aufenthalt in verschneiter Winterlandschaft erscheint wie geschaffen für Menschen, die in ihrer Freizeit Genuss, Entspannung und Naturerlebnis in den Vordergrund stellen.

Trotz all dieser sanften Eigenschaften des Schneeschuhwanderns gilt es aber, die im Bergsport lauernden Gefahren nicht zu verkennen. Erst dann kann auch das Schneeschuhwandern in vollen Zügen genossen werden. Der gekonnte Umgang mit Karte, Kompass, Höhenmesser und eventuell sogar GPS-Gerät, fundierte Kenntnisse in Lawinenkunde und der Suche und Bergung von Lawinenverschütteten, eine den winterlichen Verhältnissen angepasste Ausrüstung sowie nicht zuletzt eine gute körperliche Grundkondition sind wesentliche Voraussetzungen für das gute Gelingen von Schneeschuhwanderungen.

Neben dem viel propagierten, eher beschaulichen Charakter von Schneeschuhwanderungen, z. B. auf Forststraßen zu verträumten Almen, bietet sich auch für Ambitionierte ein breites Spektrum an Möglichkeiten für konditionell und gehtechnisch anspruchsvolle Touren. Die Auswahl in diesem Buch berücksichtigt diese Vielfalt und serviert für jeden Geschmack das richtige Ziel. Die Wiener Hausberge erweisen sich dabei als ideales Betätigungsfeld, in dem sowohl einfache als auch nur Könnern vorbehaltene rassige Schneeschuhwanderungen mit Respekt vor der Natur durchgeführt werden können.

Der Autor wünscht allen Leserinnen und Lesern viel Freude beim Schneeschuhwandern in den Wiener Hausbergen und darüber hinaus.

Wald und Wild

Das Betreten des Waldes ist gesetzlich geregelt (Forstgesetz, § 33, Absatz 1) und grundsätzlich für Erholungszwecke jedermann gestattet. Ausgenommen sind Aufforstungsflächen bis zu einer durchschnittlichen Bewuchshöhe von 3 Metern, ausgewiesene Wildschutzgebiete (z. B. im Winter Wildfütterungsstellen) sowie weitere behördlich verfügte Betretungsverbote laut Absatz 2.

Alle beschriebenen Winter- und Schneeschuhwanderungen beachten selbstverständlich diese Sperrflächen. Sollte es trotzdem bei der Durchführung Ihrer Touren zu berechtigten Beeinträchtigungen und Einschränkungen kommen, respektieren Sie diese bitte und informieren Sie den Autor darüber.

Über den Winter

Hunger und Durst

Wer hungert, verhungert, wer nicht trinkt, verdurstet! So einfach ist das. Nur bei ausreichender Energie- und Flüssigkeitszufuhr kann ein fortschreitender tageszeitlicher Leistungsabfall verhindert werden. Dies gilt auch im Winter. Kälte und Wind nagen an den Körperkräften. Daher wichtig: ausreichend essen und vor allem viel trinken. Der Schein trügt nämlich: Weniger schwitzen bedeutet nicht unbedingt weniger leisten. Der Körper arbeitet unbemerkt gegen die Kälte und braucht daher auch Zufuhr warmer Flüssigkeit, sonst fehlt dem Motor das Schmiermittel und er kommt ins Stottern!

Schnee ist nicht gleich Schnee!

Die Beschaffenheit des Schnees kann sehr unterschiedlich sein. Zwischen lockerem Pulver, schwerem, durchfeuchtetem Pappschnee und knallhartem Schmelzharsch ist alles möglich. Auch saisonal gibt es daher typische Unterschiede zwischen Früh-, Hoch- und Spätwinterschnee.

Für den Schneeschuhwanderer ergeben sich daraus günstige und weniger günstige Schneeverhältnisse, die einen Einfluss auf Gehtechnik, Gehkomfort, Zeitaufwand etc. haben und bei der Tourenplanung und Durchführung berücksichtigt werden müssen.

Auch die Schneehöhe ist ein wichtiger Faktor. Es ist eben ein Unterschied, ob Sie auf 5 cm Neuschnee auf harter Unterlage oder auf 50 cm Neuschnee auf weicher Unterlage Ihre Spur anlegen. Beide Konstellationen können Sie auf ein und derselben Tour erleben. Schnee ist einerseits unberechenbar, andererseits immer wieder aufs Neue spannend und interessant.

Im Winter ist's kalt ...

Die Tage sind kurz, die Schatten lang, denn die Sonne steht weit im Süden. Nach Norden ausgerichtete Berghänge sind kaum bis gar nicht besonnt. Oft kommt es zu einer Temperatur-Umkehr. Während es auf dem Berg bei Sonne erträglich warm ist, bleibt es im schattigen Tal auch tagsüber bitterkalt. Und bei Nebel bildet sich ein lästiger Kaltluftsee.

Versuchen Sie nicht, gegen die Kälte anzukämpfen, versuchen Sie nicht, heldenhaft zu frieren, sich „abzuhärten". Sie erreichen genau das Gegenteil. Sie werden immer schwächer, weil der Körper zusätzlich Energien benötigt, um mit der Kälte fertig zu werden. Und das ist reine Verschwendung!

Stellen Sie sich auf die Kälte richtig ein. Ziehen Sie sich am Start der Tour wärmer an, besonders, wenn's zunächst nicht bergauf, sondern flach talein geht und Sie daher nicht sofort auf Touren kommen. Geht's hingegen gleich steiler zur Sache, wird sich Ihr „Motor" schnell von selbst warm laufen. Dann ist zu warme Kleidung ein Nachteil. Sie schwitzen mehr und müssten mit nasser Kleidung weitergehen.

Kälte irritiert, erzeugt Unruhe und Gereiztheit. Sie können den Tag, die Tour weniger genießen. Nehmen Sie die Kälte wahr, tun Sie etwas dagegen und es geht Ihnen gleich besser!
Am meisten Wärme gibt der Kopf ab, daher ist eine Kopfbedeckung besonders wichtig. Auch wenn es auf den ersten Blick unlogisch klingt: Schuld an kalten Zehen kann die fehlende Kopfbedeckung sein!
Handschuhe werden Sie sowieso tragen. Hauchen Sie warme Atemluft in den Handschuh, bevor Sie hinein schlüpfen, die Finger werden es Ihnen danken!
Weitere kritische Stellen sind Zehen und ein schweißnasser Rücken. Letzterer muss „trocken gelegt" werden. Nehmen Sie also immer Wechselwäsche mit. Bei kalten Zehen ist vielleicht der Schuh zu eng geschnürt. Oder gar undicht? Dann sind Reservesocken zumindest vorübergehend von Vorteil. Wenn das alles nichts hilft, bleibt nur die Erwärmung von innen her: mehr Bewegung, schneller gehen.

Richtige Ausrüstung zum Schneeschuhwandern

Was ziehe ich an? Was nehme ich mit?

Rund um den Fuß

Das Wichtigste sind die **Schuhe.** Und das Wichtigste bei den Schuhen ist, dass sie schnee- und wasserdicht sind. Denn nichts ist schlimmer als kalte Füße.

Für das Schneeschuhwandern brauchen Sie keine speziellen Schuhe. Am besten eignen sich mittelfeste bis feste gut gepflegte Bergschuhe mit griffiger Gummiprofilsohle. Schnüren Sie den Schuh im Aufstieg lockerer und vor dem Abstieg enger. Damit verhindern Sie, dass der Fuß im Schuh nach vorne rutscht und die Zehen – schmerzhaft – anstoßen.

Socken: Nehmen Sie sich sicherheitshalber ein zweites Paar Socken mit, damit Sie, wenn schon der Schuh nass ist (Schnee kann auch von oben eindringen!), wenigstens die Socken wechseln können. Ob der Socken aus Kunstfasern oder Schurwolle oder aus einem Mix besteht, ist Geschmackssache. Der Autor schwört jedenfalls auf Schurwolle!

Gamaschen sind ebenfalls vorteilhaft. Sie verhindern, dass Schnee von oben durch den Schaft in die Schuhe eindringt. Die Gamaschen sollten bis zu den Knien hinaufreichen.

Der Schneeschuh

Die Auswahl bei Schneeschuhen ist unüberschaubar groß. Preislich liegen die Modelle zwischen ca. € 100,– und € 350,–, je nach Material, Bauart und Größe.

Größe: Welche Größe (Breite x Länge) die richtige ist, wird va. durch das Gewicht des Benutzers bestimmt. Markenhersteller bieten bis zu vier Größen pro Modell an, zusätzlich gibt es teilweise sogar eine ausgesprochene Kindergröße. Je schwerer der Benutzer bzw. je mehr Gesamtgewicht (Benutzer + Rucksack) auf den Schneeschuh kommt, desto größer sollte er sein. Ein größerer Schneeschuh bietet mehr Auflagefläche und verhindert daher tieferes Einsinken und damit schwere Spurarbeit! Die richtige Größe kommt also in erster Linie im Tiefschnee zum Tragen und da vor allem beim Spuren, aber auch beim Bergabgehen und beim Abrutschen.

Material: Beim Material gibt es die Wahl zwischen Rahmenmodellen (aus Alurohr oder Metall) mit Kunststoffverdeck und Plattenmodellen aus Hartplastik.

- **Rahmenmodelle** sind in der Regel teurer. Sie haben eine bedingt starre Bindungsachse. Ihre Einzelteile können bei Schäden ausgetauscht werden. Rahmenmodelle als Alurohr sind beliebte Universalgeräte mit hohem Gehkomfort. Konstruktionsbedingt sind sie lediglich bei Querungen und auf harter, geneigter Schneedecke benachteiligt. Rahmenmodelle aus Metall haben diesen Nachteil nicht, da der kantige Rahmen guten Halt bietet. Allerdings sind sie nur in einer Einheitsgröße verfügbar.
- **Plastikmodelle** sind meist etwas billiger. Sie haben eine starre Bindungsachse. Der Gehkomfort ist etwas eingeschränkt, es „klappert" ein wenig. Die Größenauswahl ist eingeschränkt, was aber weniger ins Gewicht fällt, da auch Plastikmodelle ihre Vorzüge auf tragfähiger Schneedecke haben, wo das Gewicht des Benutzers nicht so entscheidend ist. Bei Schäden am Rahmen (z. B. Bruch) muss der gesamte Schneeschuh entsorgt werden.

Technik: Die Technik zeigt sich im Wesentlichen in der Art des Gelenks und der Bindung.

- **Gelenksarten:** Die eine Gelenkform besteht aus einem frei schwingenden Gelenk, wodurch der Schneeschuh beim Gehen immer auf dem Schnee liegen bleibt und nachgezogen wird. Vorteil: geringerer Kraftaufwand.
  Die andere Form besteht aus einem mehr oder weniger steifen Band, das Bindung und Schneeschuh verbindet. Nachteil: etwas größerer Kraftaufwand beim Gehen, da der Widerstand des Bandes überwunden werden muss. Es handelt sich dabei um einen ähnlichen Effekt wie bei der Rückholfeder einer Skitourenbindung. Weiterer Nachteil: Der Schneeschuh wird nicht auf dem Boden nachgezogen, sondern neigt zum Hochklappen, wodurch bei jedem Schritt Schnee in die Kniekehle geschaufelt wird.
- **Bindungarten:** Es gibt Riemen- bzw. Schnürbindung sowie Plattenbindungen. Beide Typen sind, wenn sie gut ausgeführt sind, gleichwertig. Schnürbindungen geben mehr seitlichen Bewegungsspielraum, Plattenbindungen sind starr. Beides hat Vor- und Nachteile. Bei Plattenbindungen kann die Bindung meist auch fixiert werden, und auf Querungen ergeben sich geringfügige Vorteile, weil die Ferse nicht seitlich wegrutscht. Andererseits werden alle beim Gehen auftretenden Kräfte auf Knie- und vor allem Sprunggelenk übertragen und diese dadurch stärker beansprucht.
- **Weitere Features:** Einige Modelle haben integrierte Steighilfen, die man im steileren Gelände aufklappen kann.

Unterschiedlich aggressiv ausgeführte Harschkrallen an der Unterseite der Schneeschuhe erleichtern das Gehen auf harter Unterlage und im steileren Gelände und geben bei Querungen mehr Stabilität.

Gegen Kälte, Wind und Wetter

Für das Schneeschuhwandern ist ein funktioneller Kälte- und Wetterschutz unabdingbar. An sich hat ja der Winter den Vorteil, dass Niederschlag (Schneefall) weniger störend ist als z. B. Regen.

Am wichtigsten ist der **Funktionsanorak** (wasserdicht, winddicht, atmungsaktiv). Achten Sie beim Kauf auf eine große Kapuze, die Sie so weit zumachen können, dass nur Augen und Nase herausschauen.

Für das Schneeschuhwandern ist weiters eine atmungsaktive **Überhose** sehr vorteilhaft. Bei Schneeschuhmodellen ohne freie Gelenksachse schaufelt man sich nämlich mitunter Schritt für Schritt Schnee in die Kniekehle und auf die Rückseite der Oberschenkel und bekommt ohne dichte Überhose bald einen nass-kalten Hintern. Sie können natürlich auch eine lange Unterhose und statt der Berghose gleich eine feste Überhose anziehen.

Haube und **Handschuhe** sind weitere Fixpunkte. Nehmen Sie sicherheitshalber ein zweites Paar Handschuhe zur Reserve mit, für den Fall, dass das erste nass geworden ist oder gar verloren geht.

Eine **Gesichtsmaske** schützt vor starker Windkälte im Gesicht und beugt Erfrierungen vor.

Gegen die Sonne brauchen Sie einen kompletten **Sonnenschutz** (Sonnenbrille mit Schutzstufe 3, Sonnencreme, Lippenschutz).

Wenn's hart ist oder eisig

Steigeisen: Beim Schneeschuhwandern kann es auf harten Querungen, steilen und harten Auf- oder Abstiegen (z. B. im Frühjahr nach klarer Nacht) günstiger und sicherer sein, die Schneeschuhe abzulegen und die Stelle mit Steigeisen zu bewältigen.

Weitere Tipps

Der **Rucksack** sollte Riemen und Schnallen haben, damit auf Zu-Fuß-Strecken die Schneeschuhe befestigt werden können.

Stöcke gehören zur Grundausstattung. Es müssen nicht unbedingt Teleskopstöcke sein, da ein Verstellen während der Tour nicht erforderlich ist. Günstig sind große Stockteller, vor allem bei viel Neuschnee. Stöcke mit Sommertellern und Nordic-Walking-Stöcke sind nicht geeignet.

Eine **Skibrille** ist nicht unbedingt notwendig, da man nicht so schnell unterwegs ist wie mit Skiern. Im Schneesturm ist sie aber sicher angenehm.

In jeden Rucksack, zumindest aber zu jeder Gruppe gehört eine minimale **Notfallausrüstung**, bestehend aus 2-Personen-Biwaksack, Erste-Hilfe-Paket, Mobiltelefon.

Führt die Schneeschuhwanderung durch potenziell **lawinengefährdetes Gelände**, gelten dieselben Ausrüstungs- und Wissensmaßstäbe wie beim Skitourengehen: **Jeder** ist mit **Verschütteten-Suchgerät, Schaufel** und **Sonde** ausgerüstet und beherrscht auch die Handhabung.

Unterwäsche aus künstlich hergestellten Materialien hat sich sehr gut bewährt, da diese die Feuchtigkeit besser ableiten und damit auch schneller trocknen als z. B. Baumwolle. Da ein nasser Rücken bei Kälte sehr unangenehm ist, sollten Sie immer Wechselwäsche mithaben.

Heiße Getränke, serviert aus einer hochwertigen **Thermosflasche**, haben schon viele müde Knochen wieder munter gemacht. Sparen Sie nicht mit der Kapazität: 1 Liter Füllmenge sollte es schon sein!

Zu guter Letzt: die richtige **Karte**. Siehe dazu S. 24.

Einführung in das Schneeschuhwandern

Möglichkeit und Alternative

Der passionierte Wanderer hat im Winter zwei Möglichkeiten: Er kann zu Hause bleiben oder gegen die Schneemassen mehr oder weniger energisch ankämpfen. Meist tut er Ersteres. Schneeschuhwandern eröffnet neue Perspektiven. Der Wanderer kann höher hinaus, und das bei geringerem Kraftaufwand als zu Fuß. So können auch Nicht-Skifahrer in Höhen vordringen, die ihnen bislang im Winter unerreichbar und dem Skitourengeher vorbehalten waren. Und überraschenderweise gibt es gar nicht so wenige, die nicht Ski fahren können!

Für Skitourengeher stellt der Schneeschuh eine Alternative dar. Das am häufigsten vorgebrachte Gegenargument ist der Wegfall der Abfahrt und damit des Abfahrtsvergnügens. Und dieses Argument ist sicher richtig. Aber das Schneeschuhwandern bietet neue Möglichkeiten: Es macht Ziele, die zum Skifahren wenig geeignet und daher bislang von Skitourengehern vernachlässigt worden sind, mit einem Schlag interessant. Dichte, hochwinterlich-verschneite Wälder, mit langen Latten ein unrhythmischer Slalomparcours, sind mit Schneeschuhen kein Problem. Langgezogene flache Bergrücken, bislang als Schiebestrecken verpönt, entpuppen sich als landschaftliche Sensationen. So kann sich das Blatt wenden, wenn man das Schneeschuhwandern unvoreingenommen ausprobiert.

Für Snowboarder bieten Schneeschuhe eine geeignete Aufstiegshilfe, um abseits der Pisten zu ihren Abfahrtsstarts zu gelangen. Für die Abfahrt werden die Schneeschuhe am Rucksack befestigt. In der Praxis sieht man aber verhältnismäßig wenige Snowboarder, die mit Schneeschuhen bergauf stapfen. Rund 5 kg Zusatzgewicht durch das Board machen den Aufstieg äußerst anstrengend.

Technik und Taktik

Ist Schneeschuhwandern anstregend?

Wer sich schon zu Fuß durch tiefen Schnee durchgewühlt hat, wird die Vorteile der Schneeschuhe schnell zu schätzen wissen. Die größere Auflagefläche verringert das Einsinken und erleichtert dadurch das Vorwärtskommen.

Ganz ohne Schweiß geht's aber nicht! Und ehrlicherweise muss sogar gesagt werden, dass Schneeschuhwandern recht anstrengend sein kann, wenn im tiefen Schnee eine eigene Spur gezogen werden muss. Ist eine Spur vorhanden, wird's hingegen kinderleicht.

In der Gruppe sollte die Spurarbeit in kurzen Abständen (nach ca. 10–15 Min.) übergeben werden. Natürlich hängt der Wert von mehreren Faktoren (Schneeart, Schneehöhe, Rucksackgewicht, Gelände, Gruppengröße, Kondition) ab.

Tipp: Wenn's extrem „schlauchend" wird (ständiges Durchbrechen durch den Harschdeckel, tiefes Spuren in durchfeuchtetem Schnee, ständiges Zurückrutschen, keine geeigneten Spurpartner „im Windschatten"), sollte auch an eine Umkehr gedacht werden. Denn leichter wird's selten!

Schneeschuhwandern ist nicht schwierig!

Die Schneeschuhe gut am Schuh fixieren, wobei der Ballen genau über der Gelenksachse sein sollte, und losgehen bzw. besser losstapfen. Der Entengang hält sich in Grenzen, ein bisschen breitbeiniger als gewohnt muss man aber schon gehen. Bald kommt man drauf, dass die Schneeschuhe sehr wendig sind und dass kaum ein Unterschied zwischen dem Gehen zu Fuß und dem Gehen mit Schneeschuhen besteht. Lediglich die Abrollphase über die Ferse zum Ballen fällt weg. Der Schneeschuh kommt flach zu liegen, dann folgt die Abstoßphase.

Achten Sie besonders bei Schneeschuhen mit Alurahmen und Verdeck darauf, dass Sie nicht bei jedem Schritt innen am jeweils anderen Schneeschuh hängenbleiben. Vor allem auf harter Unterlage (z. B. auf geräumten Fahrwegen) verschlägt es gerne die Schneeschuhe. Dieses Hängenbleiben tut ihnen aber nicht gut. Aufhängungs- und Verbindungsteile können beschädigt werden. Gehen Sie daher bewusst etwas breitbeiniger, oder überlegen Sie, ob nicht – falls es sich um einen längeren Abschnitt handelt – Abschnallen bequemer und sinnvoller wäre.

Aufstieg

Im weglosen Gelände erfordert die richtige, d. h. günstige Spuranlage Übung. Wichtigster Aspekt ist dabei (abgesehen von der Sicherheit) das Anlegen einer möglichst ökonomischen (also nicht zu steilen) und rhythmischen (also gleichmäßigen) Spur.

Steilere Passagen erfordern, wenn eine Umgehung nicht möglich ist, eine angepasste Technik. Da Querungen unangenehm sind, wendet man am besten eine Frontaltechnik an, vergleichbar dem Gehen mit Steigeisen in der Direttissima.

Das bewegliche Gelenk der Schneeschuhe und ihre Harschkrallen ermöglichen diese Technik. Sollte man bei paralleler Führung der Schneeschuhe zurückrutschen, so kann eine V-Stellung (Duckstep) besseren Halt verleihen.
Vorsicht: Bremsen auf harter Unterlage ist mit Schneeschuhen schwierig!

Querungen
Wir sind ehrlich: Steile Querungen sind nicht unbedingt des Schneeschuhwanderers Lieblingsbeschäftigung. Konstruktionsbedingt ergibt sich aus der freien Ferse eine Konstellation, die wenig Seitenstabilität bietet und daher am Hang ausgleichenden Stockeinsatz erfordert. Auf hartem Schnee sind steile Hangquerungen sogar gefährlich. Aber auch bei aufgeweichter Schneeoberfläche werden Querungen zum Problem, wenn der Schneeschuh seitlich abrutscht. Im Tiefschnee sind Querungen erträglich, da die Stapfspuren ausgeprägter sind und damit ein seitliches Wegrutschen (außer an sehr steilen Stellen) verhindert wird. Bei Querungen, vor allem auf harter Schneeoberfläche, haben Plastikschneeschuhe und Modelle mit Metallkante eindeutig Vorteile gegenüber Rohrmodellen.

Abstieg
Die einfachste Form des Abstiegs ist das Hinuntergehen. Zwei Tipps dazu:
Die Falllinie beibehalten. Querungen sind wegen der damit verbundenen Gefahr des seitlichen Wegrutschens ungünstig.
Die Kontrolle über die Schneeschuhe nicht verlieren. Also nicht drauflos laufen und hoffen, dass alles gut geht. Es besteht ansonsten die Gefahr, dass sich ein Schneeschuh im Unterholz verhängt bzw. den dünnen Harschdeckel durchbricht und dann nicht mehr herausgezogen werden kann.

Wenn's steil wird ...
Vorsicht bei steilen Passagen mit harter Schneeauflage. Die Harschkrallen bieten zwar bis zu einem gewissen Grad Halt, aber wehe, wenn Sie ausrutschen. Bremsen ist mit Schneeschuhen kaum möglich. Und die Stöcke, an sich hilfreich,

sind dann eher hinderlich, vor allem, wenn Sie die Hände in den Schlaufen haben.
Üben Sie Ausrutschen, Stürzen und zum Stillstand kommen. Im Ernstfall sind Sie dann der Situation besser gewachsen.
Tipp: Entweder dem gefährlichen Gelände ausweichen oder abschnallen und zu Fuß, unter Umständen auch mit Steigeisen, weitergehen.

Kann man mit Schneeschuhen abfahren?
Der Erfolg hängt vom Schnee ab. An der Oberfläche muss er weich sein, damit die Harschkrallen durchrutschen können. Je nach Hangneigung wird die Sache dann recht rasant. Zu steil ist nicht gut, da die Stabilität auf den Schneeschuhen doch eingeschränkt und ein Bremsen erschwert ist. Wichtig ist, dass das Abrutschen in der Falllinie geschieht. Jegliche Versuche seitlichen Kantens wie beim Skifahren enden unweigerlich in unkontrollierten Bewegungen und in Stürzen.
Auf schwächer geneigten Hängen kann mit nebeneinander gestellten Schneeschuhen abgerutscht werden. Die Kontrolle über das Gerät ist aber recht gering.
Bewährt hat sich – vor allem auch im steileren Gelände – ein weiter Ausfallschritt, wie er vom Telemarken bekannt ist. Allerdings ist es günstiger, den hinteren Schneeschuh nicht

seitlich, sondern hinter den vorderen zu setzen. Der vordere Fuß ist der „Bremser", auf ihm lastet das Körpergewicht, der hintere der „Lenker". Je nach Schneeverhältnissen, Neigung und Können sind mit dieser Technik auch lange Rutschphasen (mehr als 50 Meter!) möglich. Unbedingt in der Falllinie bleiben! Das verlangt anfangs etwas Überwindung und eine Umstellung, weil es von anderen Wintersportarten her ungewohnt ist. Aber es ist die einzig empfehlenswerte Technik. Versuche seitlichen Abrutschens sind zum Scheitern verurteilt.

Springen?

Actionfotos in Magazinen und Herstellerkatalogen zeigen mitunter Sprünge mit Schneeschuhen. Landungen sieht man nie! Vor allem bei Schneeschuhen mit freiem Gelenk besteht die Gefahr, dass das Ende der Schneeschuhe in der Luft unter dem Fuß vorklappt und dann eine Sturzlandung folgt. Bei Schneeschuhen mit elastischem Gelenkband ist diese Gefahr geringer, aber auch nicht ausgeschlossen.

Mit Schneeschuhen unterwegs ...

... auf Forststraßen

Das Gehen auf geräumten Forststraßen mit harter Unterlage ist nicht angenehm, da es die Schneeschuhe gerne verschlägt und man dann verhakt. Dies kann aber durch eine etwas breitere Schrittstellung verhindert werden.

Anders verhält es sich, wenn die Forststraße nicht geräumt, sondern nur zerfahren und zerfurcht ist. Hier sind Schneeschuhe angebracht, allerdings ist das Gehen in den Spurrillen auch nicht gerade ein Vergnügen. Günstiger ist es jedenfalls, neben oder zwischen den Spurrillen zu gehen.

... im Wald
Die Wendigkeit, die sich aus der Kürze der Schneeschuhe ergibt, erlaubt es, selbst dichten Wald problemlos zu begehen. Dabei heißt es aber: Augen auf, damit Sie nicht Äste übersehen, die Gesicht und vor allem Augen verletzen können. Brillen oder gar Skibrillen sind für diesen Zweck praktisch.

... im freien Gelände
Alles ist möglich! Über fußballfeldgroße Schneeflächen wandeln, steile Böschungen mit Hilfe der Harschkrallen bewältigen, „wechtenreitend" über schneeverwehte Bergkämme streichen. Neben den geländebedingten Anforderungen sollte vor allem im Frühwinter darauf geachtet werden, dass man Latschen und auch Baumstämmen nicht zu nahe kommt, da der Schnee dort oft nicht tragfähig ist und die Gefahr des Einsinkens besteht.

Schneeschuhwandern versus Skitourengehen?

Die Tourenauswahl wurde so getroffen, dass gängige Skitourenziele nicht oder nur ganz selten tangiert werden.

Diese Trennung hat folgende Gründe:
Schneeschuhgelände unterscheidet sich im Auf- und im Abstieg in einigen Punkten von Skitourengelände (z.B. Vermeidung von steileren Hangquerungen). Im Gegensatz dazu ist ein lang gezogener welliger eher flacher Kamm schönes Schneeschuhgelände, aber nichts zum Abfahren mit Skiern.
Ein Nebeneinander von Schneeschuhgeher und Skitourengeher kann vor allem im Gegenverkehr ein Sicherheitsrisiko bedeuten.
Das ungetrübte Naturerlebnis der winterlichen Landschaft kann durch „Artfremde" gestört sein. Der Autor, selbst langjähriger

routinierter und begeisterter Skitourengeher, hat es selber erlebt. Wenn die Low-Tech-Fortbewegung mit Schneeschuhen auf die High-Tech-Fortbewegung mit Tourenskiern trifft, kann das irritieren. Anderes Tempo, andere Spur, andere Ziele.

Schneeschuhspur ≠ Skitourenspur:
Die Benutzung der jeweils anderen Spur führt zu ihrer (Zer-) Störung! Der Schneeschuhgeher macht die breitere Spur. Folgt er einer vorhandenen Skitouren-Aufstiegsspur, so wird diese verbreitert und verliert ihre seitliche Führung. Darüber hinaus ist ihre Benutzung wegen der Tendenz zum seitlichen Wegkippen aus der bestehenden Spur oft unangenehmer als das Anlegen einer eigenen Spur. Der einzige Grund, eine vorhandene Skitouren-Aufstiegsspur zu benutzen, ist die mögliche Kraftersparnis. Daher sollte man dies nur dann tun, wenn man schon sehr müde ist.

Tipp: Wenn schon Schneeschuhgeher und Skitourengeher auf der gleichen Route unterwegs sind, dann sollten beide ihre eigene Spur anlegen. Platz ist dafür sicher ausreichend vorhanden.

Schau genau! – Orientierung, aber richtig

Das Um und Auf bei der Orientierung ist die Fähigkeit, Informationen wahrzunehmen, zu verarbeiten und richtig umzusetzen. Informationen vom Gelände in die Karte und von der

Karte ins Gelände. Erst in einer zweiten Stufe kommen neben der Karte weitere Hilfsmittel wie Kompass, Höhenmesser und unter Umständen auch ein GPS-Gerät ins Spiel.

Beim Schneeschuhwandern ist die Orientierung aus folgenden Gründen erschwert:
Viele Wanderweg-Markierungen sind von der Schneedecke zugedeckt. Selbst an Baumstämmen sind sie nicht sichtbar. Manche rot-weißen oder schwarz-weißen Markierungen auf Bäumen und Holzpflöcken dürfen außerdem nicht mit Wegmarkierungen verwechselt werden. Sie beziehen sich nämlich auf Grenzsteine in unmittelbarer Bodennähe. Ein Blick in die Karte hilft, Irrtümer – und damit auch Irrwege – zu vermeiden.
Bei hoher Schneelage sind Steige und sogar breitere Wege als solche nicht mehr erkennbar: Alles versinkt unter einer gleichmäßigen weißen Fläche. Selbst Forststraßen sind im offenen Almgelände oft nicht mehr zu erkennen.
Schneeschuhrouten führen oft querfeldein, abseits von bestehenden Wegen. Daraus folgt, dass Schneeschuhwandern hinsichtlich der Orientierung weit höhere Anforderungen stellt als etwa Wandern. Souveräner Umgang mit Karte, Kompass und Höhenmesser, ein Gespür für das Gelände und die richtige Spur sind wesentliche Grundvoraussetzungen für das Gelingen einer Schneeschuh-Tour.

Die richtige Karte
Für Schneeschuhtouren eignen sich grundsätzlich nur topographische Karten im Maßstab 1:25.000 bzw. im Maßstab 1:50.000. Wichtigstes Merkmal dieser Karten ist der Höhenlinienabstand von 20 Metern. Touristische Wanderkarten weisen oft einen Höhenlinienabstand von 50 oder gar 100 Metern auf und sind daher für eine Geländebeurteilung viel zu ungenau.

Konkret kommen daher in Frage:
Die „Österreichische Karte" des BEV (Bundesamt für Eich- und Vermessungswesen) im Maßstab 1:50.000, kurz „ÖK

50", bzw. ihre Vergrößerung im Maßstab 1:25.000, kurz „ÖK 25V". Beide Kartenwerke sind flächendeckend für ganz Österreich erhältlich. Seit einigen Jahren erfolgt bei diesem Kartenwerk die Umstellung auf das internationale UTM-Gitter. Da dieser Prozess noch nicht abgeschlossen ist, sind bei den Kartenangaben immer beide Varianten (Bundesmeldenetz-Gitter und UTM-Gitter) angeführt. Bei Neuanschaffungen empfiehlt sich, soweit schon verfügbar, die Karte mit UTM-Gitter.

Für Rax und Schneeberg die Bundesamtskarte „Schneeberg und Rax" im Idealmaßstab 1:25.000 mit UTM-Gitter. Sie ist an Detailreichtum unübertroffen und daher für den Geländegeher das empfehlenswerteste Kartenmaterial für diese Region.

Alpenvereinskarten im Maßstab 1:25.000 sind für die in diesem Führer beschriebenen Touren leider nicht verfügbar.

Achtung:
Jeder Kartenbenutzer muss sich darüber im Klaren sein, dass seine Karte, so neu sie auch sein mag, nicht 100 Prozent aktuell ist, weil sich die Landschaft seit der Drucklegung schon wieder verändert haben kann.

Kompass und Höhenmesser

Der gekonnte Umgang mit Kompass und Höhenmesser ist für die Orientierung auf Schneeschuhtouren von großer Bedeutung. Solange alles nach Plan läuft, können Sie meist auf ihre Zuhilfenahme verzichten. Für viele der beschriebenen Richtungsänderungen in diesem Buch ist ein Kompass, in einigen Fällen ein Höhenmesser nötig. Dabei dürfen Sie nicht vergessen, am Start der Tour die Höhenangabe auf die Ausgangshöhe zu justieren.

GPS

Die Genauigkeit der Angaben bewegt sich derzeit bei optimalen Verhältnissen (guter Satellitenempfang) in einem Bereich von +/– 10 Meter, was für die Orientierung im Gelände absolut ausreichend ist. GPS-Geräte benötigen Sichtverbindung zu den Satelliten und sind daher z. B. in Schluchten oder im dichten

Wald nur bedingt einsatzfähig. Immer ist zu bedenken, dass die Geräte zwar Informationen über Standort und Richtung geben, nicht aber das Gelände (Dolinen, Wechten, Felsabbrüche, Gletscherspalten) beeinflussen können. Bei Nebel und Sturm sollten Sie es sich also auch mit GPS-Gerät gut überlegen, ob es sinnvoll ist, im „White Out" unterwegs zu sein.

Der große Vorteil des GPS-Geräts liegt in der Möglichkeit, sich punktgenau auf einer vorgegebenen Strecke bzw. zu einem Ziel führen zu lassen. Weiters wird man, wenn man seine eigene Route aufgezeichnet hat, auch wieder zurück zum Ausgangspunkt geleitet. Moderne GPS-Geräte haben einen integrierten Kompass und Höhenmesser.

Vorsicht: Bei Dauerbetrieb verbraucht das Gerät viele Energie, nehmen Sie also immer Reservebatterien mit! Bei einem Ausfall des GPS-Geräts könnte sonst der schlimmste Fall eintreten, dass Sie schlagartig ohne GPS, ohne Kompass und ohne Höhenmesser auskommen müssen. Daher sollten Sie auch nie auf eine Karte oder einen Kartenausdruck verzichten!

Tipps zur Tourenplanung

Richtwert aus den konditionellen Anforderungen für normal trainierte Schneeschuhgeher:

Leichte Tour: 500 Hm, 10 km

Mittlere Tour: 750 Hm, 15 km

Schwierige Tour: 1000 Hm, 20 km

Zeitplan: Beim Wandern kann eine einfache Formel zur Ermittlung der Gehzeit angewendet werden. Sie setzt sich aus Aufstiegshöhe und Streckenlänge zusammen, wobei von folgenden Basiswerten ausgegangen wird: 400 Hm = 1 Std., 4 km = 1 Std. Der größere errechnete Wert wird mit der Hälfte des kleineren Werts addiert, die Summe ergibt die geschätzte Gehzeit. Bergab geht's natürlich schneller.

Aus eigener Erfahrung möchte der Autor diese Formel nicht eins zu eins auf das Schneeschuhwandern übertragen. Er empfiehlt folgende Ausgangswerte, wobei das Ermittlungsverfahren gleich bleibt: 300 Hm = 1 Std. 3 km = 1 Std.

Beispiel: Strecke mit 600 m Aufstieg (= 2 Std.) und 9 km Länge (= 3 Std.) Größerer Wert (3 Std.) + Hälfte kleinerer Wert (= 1 Std.) ergibt geschätzte Gehzeit von 4 Std.

Schneeschuhwandern und Lawinen

Schneeschuhwandern spielt sich im winterlichen alpinen Gelände ab. Mit dem Schnee drängt sich daher unweigerlich auch das Thema Lawinen auf.

Die Lawinengefahr kann beim Schneeschuhwandern genauso wenig ausgeschlossen werden wie bei anderen Wintersportarten, die im geneigten Gelände oder im Einzugsgebiet von geneigtem Gelände ausgeübt werden. Die ersten Schneeschuh-Lawinentoten sind bereits in die Statistik eingegangen!

Daher ist ein Grundwissen in Schnee- und Lawinenkunde sowie in der Verschüttetensuche und -bergung auch für Schneeschuhwanderer unbedingt erforderlich. Natürlich gehören dazu auch die entsprechende Ausrüstung (Lawinenverschütteten-Suchgerät, Schaufel, Sonde) und der gekonnte Umgang damit.

Die wichtigsten Prinzipien der Beurteilung der Lawinengefahr:

1. Es gibt nach heutigem Wissensstand kein Rezept, das absolute Sicherheit in der Beurteilung der Lawinengefahr bietet. Es können aber aus Erfahrungswerten Faktoren ermittelt werden, die das Risiko mindern.

2. An erster Stelle ist die Hangneigung zu nennen: Hänge, die weniger als 30 Grad steil sind, sind mit größter Wahrscheinlichkeit ungefährlich, sofern sie sich nicht im Einzugsgebiet steilerer Hänge oder Rinnen befinden. Statistisch gesehen am gefährlichsten sind Hänge knapp unter 40 Grad. Diese sind aber für den Schneeschuhgeher sowieso eindeutig zu steil!

Die Beurteilung der Hangsteilheit anhand der Karte, ausgehend von einem Höhenlinienabstand von 20 Metern:

Maßstab	Abstand ~ 2 mm	Abstand ~ 1,5 mm	Abstand ~ 1 mm	Abstand ~ 0,5 mm
1:25.000	20°	30°	40°	60°
1:50.000	10°	15°	20°	40°

3. Der Expositionssektor Nordwest über Nord und Ost zu Südost ist um ein Vielfaches lawinenträchtiger als der entgegengesetzte.

4. Konvexe Geländeformen (Rücken, Kämme) sind sicherer als konkave (Mulden, Gräben, Rinnen, Täler).

5. Extreme sind immer lawinenfördernd: große Kälte, große Hitze, viel Neuschnee, viel Regen, starker Wind, große Steilheit.

6. Speziell für Schneeschuhgeher: Auch in Wäldern lauern Lawinen. Selbst gut begehbare Forstwege dürfen nicht darüber hinwegtäuschen, dass möglicherweise aus den darüber befindlichen steilen Waldhängen, Schlägen und Rinnen Gefahren drohen!

7. Die vergleichsweise langsame Fortbewegung des Schneeschuhgehers bedeutet, dass sich dieser länger in gefährdeten Bereichen aufhält als z. B. ein Skifahrer. Auch der Fluchtweg ist also länger!

Jedem Schneeschuhwanderer seien eindringlich einschlägige Ausbildungskurse empfohlen, wie sie Bergsteigerschulen und die alpinen Vereine in Lawinenkunde und in Schneeschuhwandern anbieten.

Der **Lawinenlagebericht** (www.lawine.at) ist die wichtigste Informationsquelle für die Lawinensituation im Tourengebiet.

Dort wird auf einer fünfstufigen Skala (1: gering, 2: mäßig, 3: erheblich, 4: groß, 5: sehr groß) die Lawinengefahr beurteilt und in einer Beschreibung näher auf die konkrete Situation und die Gefahrenstellen eingegangen.

Tipp: Bleiben Sie bei Stufe 4 unter 30°, bei Stufe 3 unter 35°, bei Stufe zwei unter 40°. Dann haben Sie, rein statistisch gesehen, auch ohne besonderes Wissen über Schnee- und Lawinenkunde sehr viel für Ihr Überleben getan!

Wichtige Informationsquellen zur Tourenplanung

Lawinenlagebericht

Niederösterreich:
www.lawine.at oder
www.lawinenwarndienst-niederoesterreich.at
Persönliche Beratung: 0316 242200

Steiermark:
www.lawine.at oder www.lawine-steiermark.at
Tonband: 0800 311588; Persönliche Beratung: 0316 242200

Wetter

Informieren Sie sich vor jeder Tour über die Wetterprognose. Es erleichtert Ihnen die Tourenplanung und trägt zu Ihrer Sicherheit bei. Wetterprognosen gibt es in Zeitungen, im TV (besser, da schon am Vorabend der Tour verfügbar), im Internet (z. B. www.alpenverein.at/wetter, wetter.orf.at) und am Telefon (Persönliche Beratung des OeAV: 0512 291600, Mo bis Sa 13:00 bis 18:00, Tonband 0900 911566-81)

Alpiner Notruf

Bergrettung Österreich: 140. Euro-Notruf: 112.

Wenn kein Empfang im eigenen Netz: Mobiltelefon ausschalten, wieder einschalten und statt dem Pin-Code gleich 112 wählen. Damit besteht die Chance (aber nicht die Garantie), dass Sie in einem anderen Netz Empfang haben.

Touren und Kurse

Anbieter und Veranstalter geführter Winterwanderungen sind die alpinen Vereine (Oesterreichischer Alpenverein (OeAV), Österreichischer Touristenklub (ÖTK), Touristenverein Die Naturfreunde (TVN) mit ihren zahlreichen Sektionen.

Im Bereich Schneeschuhwandern hat sich in Wien speziell der Alpenverein Edelweiss des OeAV mit seinen Ausbildungskursen und geführten Touren einen guten Ruf erworben. Auch Leihausrüstung (Schneeschuhe, LVS-Geräte etc.) wird angeboten.

OeAV-Alpenverein Edelweiss: 1010 Wien, Walfischgasse 12. Tel. 01 5138500. www.oeav-events.at/edelweiss

OeAV-Sektion Austria: 1010 Wien, Rotenturmstraße 14. Tel. 01 5131003. www.oeav-events.at/austria

OeAV-Sektion ÖGV: 1080 Wien, Lerchenfelder Straße 28. Tel. 01 4052657. www.oeav-events.at/gebirgsverein

ÖTK: 1010 Wien, Bäckerstraße 16, Tel. 01 5131003. www.touristenklub.at

TVN: 1150 Wien, Viktoriagasse 6, Tel. 01 8923534. www.naturfreunde.at

Zur Auswahl der Touren

Die Schneeschuhwanderungen in diesem Buch sind hinsichtlich ihrer Länge und der Anforderungen so gewählt, dass keine extremen Ansprüche gestellt werden. Alle Touren sind reine Schneeschuhwanderungen, d. h. es werden auf den Hauptrouten keine Kletter- oder sonstigen zusätzlichen Fertigkeiten verlangt. Bei einzelnen Varianten kommt es vor, dass schwierige Stellen je nach Schneelage zu Fuß bewältigt werden müssen (z. B. Hoher Hengst, Rauchstein).

Die Routen vermeiden nach Möglichkeit allzu steile Anstiege sowie längere Querungen steiler Bergflanken und -hänge.

Lawinengefährdete Bereiche wurden ebenfalls nach Möglichkeit gemieden. Problemzonen sind im Infoteil angesprochen.

Darüber hinaus wird auf den Beitrag auf S. 27–29 „Schneeschuhwandern und Lawinen“ verwiesen.

Für den Abstieg wurden mitunter steilere Passagen gewählt, bei guten Schneeverhältnissen geeignet für geübte Abrutscher.

Nahezu alle Routen suchen – und finden auch – Bergkämme mit schönem Panorama, die ein anhaltendes Aussichtserlebnis garantieren.

Gängige Skitouren wurden weitestgehend gemieden.

Die Möglichkeit der Anreise mit öffentlichen Verkehrsmitteln zu den Ausgangspunkten wurde grundsätzlich angestrebt. Spätestens ein Blick auf die Tourentabelle auf Seite 250 zeigt aber, dass Bus und Bahn in vielen Fällen nicht (oder nur wochentags oder zu unzumutbaren Zeiten) zur Verfügung stehen. Daher der Tipp für Öffi-Fans: lokale Taxi-Unternehmen kontaktieren.

Zur Bewertung der Touren

Als Symbol für die Bewertung der Touren wurden 1–3  gewählt. Berücksichtigt sind technische und konditionelle Anforderungen bei durchschnittlichen Verhältnissen. Die Bewertung soll Sie dabei unterstützen, je nach Wunsch und Können sowie angepasst an die Verhältnisse am Berg die geeignete Tourenwahl zu treffen.

Erklärungen zum Infoblock

Der Infoblock bietet eine Zusammenfassung der wichtigsten technischen Daten zur Tour:

Start und Ziel:
Wo eine Durchführung der Tour mit Hilfe öffentlicher Verkehrsmittel möglich ist, befinden sich Start und Ziel an Bahnhöfen, Bahn- oder Bushaltestellen. Dort bestehen auch für Autofahrer Parkmöglichkeiten. Bei Streckenwanderungen

(keine Rückkehr zum Ausgangspunkt) ist für Autofahrer die Art der Rückkehr zum Ausgangspunkt angegeben (Bahn oder Bus).

Zeit
Bei den Zeitangaben handelt es sich um geschätzte durchschnittliche reine Gehzeiten, die weder zu schnell, noch zu langsam angesetzt sind. Je nach Schneelage, Schneebeschaffenheit und Kondition der Begeher können sich auch kürzere oder längere Gehzeiten ergeben. Dies ist bei der individuellen Tourenplanung (Zeitplan, Tourenwahl) zu berücksichtigen.

Höhenunterschied
Angegeben ist die Summe aller im Laufe der Tour zu bewältigenden Aufstiegsmeter.

Distanz
Angegeben ist die aus der Karte ermittelte, nach oben aufgerundete Horizontaldistanz.

Charakter und Anforderungen
Eine Einschätzung der Strecke nach ihren besonderen Eigenschaften sowie eine Beurteilung der technischen und konditionellen Anforderungen unter normalen (guten) Verhältnissen.

Die Bewertung 1 bis 3 Schneeschuhe gilt immer für die beschriebene Hauptroute, Varianten können je nach Angabe leichter oder auch schwieriger sein. Alle Schneeschuhtouren bewegen sich in reinem Schneeschuhgelände. Bergsteigerische Anforderungen wie z. B. Klettern oder Begehen von Klettersteigen werden nicht gestellt.

Orientierung
Eine Beurteilung der Anforderungen an den Orientierungssinn, also an die Fähigkeit der richtigen Interpretation von Gelände und Karte sowie des Umgangs mit Kompass und Höhenmesser. Angegeben sind auch besonders zu beachtenden Eigenheiten der Route. Anmerkung: Der richtige Umgang mit der Karte ist eine Grundvoraussetzung für jede erfolgreiche Tour!

Lawinengefahr

Eine Beurteilung der potenziellen Lawinengefährdung im Bereich der Route. Grundsätzlich wurde die Route so gewählt, dass eine Lawinengefährdung nur in seltenen Fällen gegeben ist. Da diese aber nicht gänzlich ausgeschlossen werden kann. ist Vorsicht und Wachsamkeit immer angebracht. Bei ungünstigen Verhältnissen, z. B. großer Neuschneezuwachs, große Schneeverfrachtung durch Wind, starke Durchfeuchtung der Schneedecke durch Erwärmung oder Regen, sehr kalte Temperaturen verbunden mit geringer Schneehöhe (Schwimmschneebildung), können auch vermeintlich wenig gefährdete Bereiche lawinengefährlich sein. Daher sind das entsprechende Know-how, das man sich in Spezialkursen und Fachliteratur erwerben kann, sowie das Einholen des tagesaktuellen Lawinenlageberichtes wesentliche Bestandteile der Vorbereitung auf die Tour.

Mit der Bahn, dem Bus, dem Auto

Möglichkeiten der Anfahrt zum Start und der Heimreise vom Ziel der Tour. Der Autor ist vom Fahrplan 2007/2008 ausgegangen und hat die Angaben nur in dem Fall getätigt, wo sie in der Praxis (Wochenenden, Feiertage) umsetzbar sind. Daher Achtung: Nicht jede Tour ist an jedem Tag der Woche mit öffentlichen Verkehrsmitteln durchführbar. Das genaue Fahrplanstudium ist Sache des Lesers, mit Änderungen ist in Zeiten der fortschreitenden Reduktion des Angebots im öffentlichen Freizeitverkehr (Einstellung von Nebenbahnen, aber auch im Busangebot) immer zu rechnen. Fehlen Angaben zur Anfahrt mit Bahn bzw. Bus oder Auto, so deshalb, weil eine Durchführung der Tour mit diesem Verkehrsmittel nicht in Frage kommt bzw. zu umständlich erscheint. Auch die Benutzung von Taxis bzw. Bustaxis kann als Alternative erwogen werden.

Karten
Ein Hinweis auf die zur Verfügung stehenden geeigneten Karten. Siehe dazu den Beitrag auf S. 24.

Aussicht
Da der Aussichtsgenuss nicht auf das Gipfelpanorama beschränkt ist und vor allem auf Streckenwanderungen und Überschreitungen oft zahlreiche Aussichtsplätze am Weg liegen, bezieht sich die Aufzählung auf die gesamte Tour. Um nicht den Rahmen zu sprengen, wurden nur die markanten Gipfel einzeln erwähnt, ansonsten die Gebirgsgruppen allgemein angeführt.

Einkehr (unterwegs und nach der Tour)
Bei Orten ohne konkrete Nennung eines Gasthauses ist eine Einkehrmöglichkeit grundsätzlich an jedem Tag gewährleistet. Gleiches gilt für Hütten, bei denen die Bewirtschaftungs- oder Sperrzeiten nicht speziell angeführt sind. Bewirtschaftungs- und Sperrzeiten, Ruhetage etc. sind keine Konstanten. Im Zweifelsfall empfiehlt sich eine Erkundigung an geeigneter Stelle (Gemeindeamt, alpiner Verein oder im Betrieb selbst).

Gutensteiner Alpen

Die Region zwischen Wienerwald und Schneeberg bietet ein äuserst reichhaltiges Angebot an schönen Schneeschuhwander-Tageszielen, wobei erfreulich viele davon mit Einkehrmöglichkeiten, teils auf der Strecke, teils sogar auf dem Gipfel, aufwarten.

Weitere empfehlenswerte Touren:

Gaisstein, 974 m

Von Furth an der Triesting, 422 m (Zufahrt aus dem Triestingtal von Weißenbach), auf rot markiertem Steig Richtung Kieneck. Auf 720 m am unteren Rand einer Lichtung über diese genau nach Westen weglos weiter auf den Ostrücken des Gaissteins. Über diesen weiter, im Bereich einer Felszone rechts in den Wald ausweichen. Zuletzt über den deutlich flacheren Rücken zum Gipfelkreuz. Abstieg wie Aufstieg.

Waxeneck-Runde

Zufahrt von Pernitz durch das Feichtenbachtal zum Brunnhof, 484 m.

Route: Brunnhof–Geyersattel–Waxeneckhaus, 740 m, (Mi, Do Rt)–Brunnhof.

Blick vom Traflberg zum Schneeberg

Höhenberg, 1027 m

Zufahrt aus dem Gölsental Richtung Kleinzell und rechts nach Salzerbad.

Route: Salzerbad–Salzergraben–Kruckensattel–Höhenberg–Unterhöhenberg-Hof–Mitter-Halbwies–Salzerbad.

Mamauwiese

Auf den weiten Almböden liebliches, einfaches Schneeschuhwandergelände.

Zufahrt über Gutenstein durch das Klostertal und links durch den Klausgraben (Ketten mitnehmen) zum GH Mamauwiese, 957 m (Mi Rt).

Oder Rundtour von Puchberg am Schneeberg: Puchberg–Haltberg–Öhlerhansl–Mamauwiese–Fadengraben–(Römerweg) Unternberg–Puchberg.

Traflberg, 1146 m

Dem Unterberg südlich vorgelagerter Gipfel. Zufahrt von Pernitz über Muggendorf nach Thal zum GH Leitner. Weiter zu Fuß kurz talein (bei der Straßengabelung links, Lamweg) und bei erster Gelegenheit links in den Luckengraben. Dann auf der Forststraße genau nach Westen zur Lichtung Pkt. 934. Nach Norden über die teils geschlägerten Flächen (Forststraßen oder querfeldein) zum höchsten Punkt. Abstieg wie Aufstieg.

1 Hocheck, 1037 m

Ein Tausender ist schon was wert!

Das Hocheck ist, von Osten betrachtet, der erste Tausender der Alpen. Also etwas ganz Besonderes. Weitere gute Eigenschaften: eine fabelhafte Rundumschau von der Aussichtswarte (Wien mit AKH und Millennium Tower!), auf der Gipfelweide winterfeste Hochlandrinder und in der Gipfelhütte Hochlandrindsgulasch. Und für den Schneeschuhgeher gibt es viele schöne Waldstrecken, die vor allem bei Pulverschnee Spaß machen.

Route 1: Bf Altenmarkt-Thenneberg–Wieshofersteig–Hocheck–retour

Charakter und Anforderungen: Waldwanderung mit einigen kurzen Steilstufen, aber ohne besondere Schwierigkeiten.

Zeit: 4 Std.

Höhenunterschied: 650 m

Distanz: 11 km

Start/Ziel: Bf Altenmarkt-Thenneberg, 410 m.

Auf der Aussichtswarte auf dem Hocheck

Mit dem Bus: Südbahn bis Leobersdorf, Triestingtalbahn nach Bf Altenmarkt-Thenneberg.

Mit dem Auto: Von Wien A2, dann A21 nach Alland und über Hafnerberg zur B18. Rechts durch Altenmarkt und in Thenneberg links zum Bahnhof.

Orientierung: Großteils markierte Abschnitte, insgesamt keine Schwierigkeiten.

Karten: ÖK 57, 75, UTM 4330, 4206

GPS-Wegpunkte (UTM/WGS 84): Start/Ziel O 573020, N 5318465. Hocheck O 571050, N 5316345.

Lawinengefahr: keine

Aussicht: Wien, Wienerwald, Wald- und Weinviertel, Kieneck, Unterberg, Reisalpe, Göller, Gippel, Ötscher, Rax, Schneeberg.

Einkehr unterwegs: Hocheck-Schutzhaus, 1030 m (Mo, Fr Rt).

Aufstieg:

Vom Bahnhof nach Süden einen freien Hang linkshaltend aufwärts und um einen Rücken in ein Tälchen. Die Wiese bis zum höchsten Punkt hinauf und im Wald zu einer Forststraße. Den roten Markierungen folgen, ab einem nahen Graben auf einem Waldsteig, zur Doppelreither-Ruhe. Nun auf der Forststraße in Kehren zum Wildenauer Brunnen und weiter hinauf in einen Sattel westlich des Mittagskogels. Nach rechts im Hochwald zu einer langen, schönen Lichtung und zuletzt etwas steiler durch schöne Buchenbestände zum Hocheck-Schutzhaus. 2½ Std.

Abstieg wie Aufstieg, 1½ Std.

Route 2: Eberbach–Mittagskogel–Hocheck–Mittagskogel–Kienberg–Eberbach

Charakter und Anforderungen: Waldwanderung mit einigen kurzen Steilstufen, aber ohne besondere Schwierigkeiten.

Zeit: 3½ Std.

Höhenunterschied: 650 m

Distanz: 9,5 km

Blick von der Aussichtswarte zum Wienerwald

Start/Ziel: Eberbach, 420 m

Mit dem Auto: Von Wien A2, dann A21 nach Alland und über Hafnerberg zur B18. Links Richtung Weissenbach und nach gut 3 km rechts nach Eberbach.

Orientierung: Einfach, bis auf das Abstiegsfinale durchwegs markierte Steige.

Die letzten Schritte zur Gipfelhütte

Karten: ÖK 57, 75, UTM 4330, 4206, 5201

GPS-Wegpunkte (UTM/WGS 84): Start/Ziel O 575015, N 5315950. Hocheck O 571050, N 5316345.

Lawinengefahr: keine

Aussicht, Einkehr unterwegs: siehe Route 1.

Aufstieg:

Auf dem rot markierten Steig Nr. 448 durch die Siedlung, dann in einem stimmungsvollen Graben in einen Sattel, Pkt. 727. Steiler hinauf zu einer Gabelung (von rechts der gelb markiert Matrassteig). Links weiter auf eine Wiese beim Mittagskogel und in einen nahen Sattel. Im Hochwald zu einer langen, schönen Lichtung und zuletzt etwas steiler durch schöne Buchenbestände zum Hocheck-Schutzhaus. 2 Std.

Abstieg:

Zurück zur Einmündung des Matrassteigs. Auf diesem über den schönen Waldkamm auf den Kienberg (kleine Gegensteigung). Dann weiter über den Rücken absteigen bis auf 600 m. Dort rechts ab (steil und weglos), bald raus auf eine Wiesenfläche und über diese genau nach Süden zurück nach Eberbach. 1½ Std.

2 Kieneck, 1106 m

Klein, aber oho!

Das Kieneck steht etwas im Schatten seines höheren und bekannteren Nachbarn, des Unterberges. Leider wird die Enzianhütte auf dem Gipfel im Winter nicht mehr bewirtschaftet. Das sollte die Anziehungskraft des Kienecks für Schneeschuhwanderer aber nicht schmälern. Denn sie können hier unter verschiedenen Anstiegen wählen; ob kürzer oder länger, ob einfacher oder schwieriger – die Palette der Touren ist vielfältig. Die Landschaft wird von lieblichen Lichtungen und von ausgedehnten Hochwäldern (mal Föhren, mal Buchen) geprägt. Der Kammweg über Geißruck und Almeskogel ist einfach herrlich, die Gipfelschau von der sonnigen Hüttenterrasse eine Wucht und auch der Abstieg über den Enziansteig ein Genuss!

Route: Thal–Weidengraben–Geißruck–Kieneck–Enziansteig–Thal

Charakter und Anforderungen: Großzügige Kammwanderung mit einigen kurzen Steilstufen, aber ohne besondere Schwierigkeiten.

Sonnige Rast vor der Enzianhütte

Zeit: 5½ Std.

Höhenunterschied: 800 m

Distanz: 12,5 km

Start und Ziel: Thal, GH Leitner, 590 m

Mit Bahn und Bus: Von Wr. Neustadt mit der Regionalbahn durch das Piestingtal nach Pernitz und mit dem Unterberg-Skibus nach Thal (täglich nur ein Kurs).

Mit dem Auto: Von Wien A2 bis Wöllersdorf, B21 durch das Piestingtal nach Pernitz, rechts abzweigen Richtung Unterberg und nach Thal.

Orientierung: Großteils markierte Abschnitte, insgesamt keine Schwierigkeiten.

Karten: ÖK 75, UTM 4206

GPS-Wegpunkte (UTM/WGS 84): Start/Ziel O 567500, N 5308450. Kieneck O 565250, N 5312305.

Lawinengefahr: keine

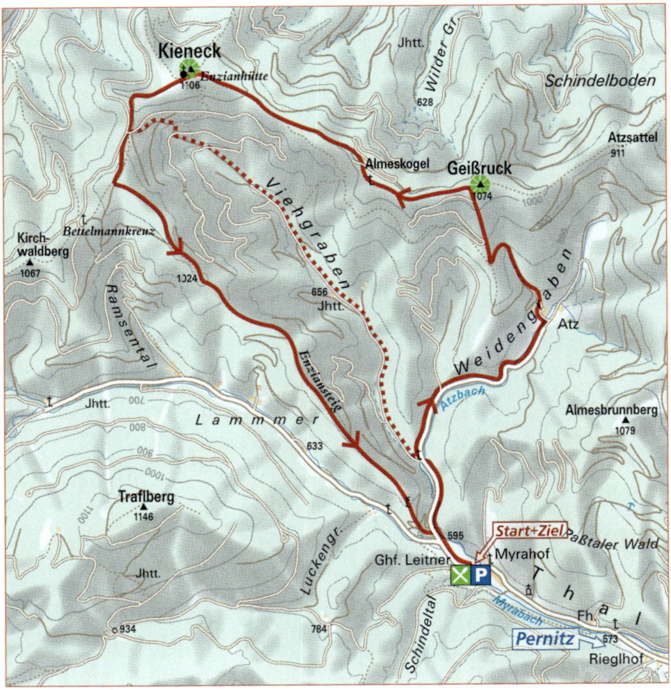

Blick vom Enziansteig zum Kieneck

Aussicht: Wien, Wienerwald, Wald- und Weinviertel, Hocheck, Unterberg, Hochstaff, Reisalpe, Göller, Gippel, Ötscher, Schneealpe, Rax, Schneeberg.

Einkehr unterwegs: keine

Einkehr danach: GH Leitner „Zur Myra" (Mi ab 14:00 und Do, Fr Rt), Karnerwirt (Mo, Di, Mi Rt).

Aufstieg:

Vom GH Leitner kurz auf der Straße weiter und rechts den Atzbach entlang auf markierter geräumter Zufahrt (Sackgasse) Richtung Kieneck. Vorbei an stimmungsvollen Fels- und Bachstellen zur Abzweigung in den Viehgraben (Parkmöglichkeit). Weiter mit der gelben Markierung talein, nach einer Engstelle auf die Wiesenfläche und über diese (oder zunächst weiterhin auf der Straße) in den Talboden bis zum Anwesen Atz. Links zu den Häusern und mit der gelben Markierung in den Wald und durch einen Graben höher. Dann links auf einen steilen Rücken und über diesen (unmarkiert) auf den Geißruck, 1074 m (Bankerl, kleines Kreuz). 1¾ Std.

Herrlicher Übergang (rote Markierung) zum aussichtsreichen Almeskogel, dann steilerer Abstieg zur Einmündung des Mareschsteigs. Bald darauf Beginn des schweißtreibenden

Schlussanstiegs aufs Kieneck. Eine Steilstufe links umgehen, dann zurück auf den Rücken und verschnaufend zur Enzianhütte. 1½ Std.

Abstieg:
An der kleinen Kapelle vorbei über die Gipfelwiese abwärts und linkshaltend in einen meist ungemütlich-windigen Sattel (Pkt. 983). Jenseits über den Rücken Richtung Unterberg und an bezeichneter Stelle links in den blau markierten Enziansteig einbiegen. In leichtem Auf und Ab (an einer Stelle ein Wien-Blick!) hinüber zum Pkt. 1024. Abstieg über den herrlichen Waldrücken (auf Markierungen achten!), vorbei an kleinen Felsformationen und nach einer kleinen Lichtung zu einer Forststraße. Auf dieser bis zum Wiesenrand, weglos links hinunter in den Talboden und in Kürze zurück zum Ausgangspunkt. 2 Std.

Tipps und Varianten:

- Aufstieg durch den Viehgraben in den „windigen" Sattel (Pkt. 983) und weiter auf das Kieneck. Anmerkung: Der Matrassteig ist steiler und bedeutend mühsamer!

3 Unterberg, 1342 m

Schneeschuhwandererherz, was willst du mehr!

Der Unterberg ist im Winter als kleines, aber feines Naturschnee-Skigebiet bekannt und wird gerne besucht. Er hat aber auch seine einsamen Seiten, die sich gerade der Schneeschuh-Feinspitz nicht entgehen lassen sollte. Da folgt ein Höhepunkt dem anderen: der wilde Miragraben, der erste Schneebergblick, das Unterberg-Schutzhaus als Hüttenziel, der Gipfel mit toller Aussicht, danach der Panorama-Abschnitt und der bei genügend Pulverschnee berauschende Abstieg. So wird die Faszination Schneeschuhwandern spürbar!

Route: Gries–Miragraben–Unterberg-Schutzhaus–Unterberg–Blochboden–Gscheidgraben–Gries

Charakter und Anforderungen: Überaus abwechslungsreiche und landschaftlich schöne Runde mit Hüttenstützpunkt und Panorama-Höhenwanderung. Der Aufstieg zum Unterberg-Gipfel und der Abstieg in den Gscheidgraben sind mittelsteil.

Zeit: 4 Std.

Höhenunterschied: 600 m

Distanz: 9 km

Blick zum Ötscher

Start und Ziel: Gries, 780 m, im hinteren Rainbachtal

Mit dem Auto, von Osten: Von Wien A2 bis Wöllersdorf, A21 über Gutenstein auf die Haselrast und jenseits rechts ab ins Gries. Von Norden: Von St. Pölten (A1) B20 + B18 nach Rainfeld. Abzweigen nach Kleinzell, B27 über die Kalte Kuchl nach Rohr im Gebirge und abzweigen ins Klausbachtal, dann im Rainbachtal bis zum Straßenende.

Orientierung: Einige unmarkierte, aber problemlose Abschnitte, Höhenwanderung vom Unterberg über den Blochboden zur Jagdhütte Unterberg bei Nebel kritisch.

Lawinengefahr: Die Forststraße durch den Miragraben kann abschnittsweise bei sehr ungünstigen Verhältnissen durch Lockerschneerutsche gefährdet sein.

Karten: ÖK 74, UTM 4206.

GPS-Wegpunkte (UTM/WGS 84): Start/Ziel O 558220, N 5308345. Unterberg-Schutzhaus O 561305, N 5309360. Unterberg O 561140, N 5309715.

Aussicht: Ötscher, Schneeberg, Rax, Schneealpe, Veitsch, Gippel, Göller, Kräuterin, Hochschwab, Gesäuse, Wald- und Weinviertel, Wienerwald, Gutensteiner Alpen, Türnitzer Alpen.

Einkehr unterwegs: Unterberg-Schutzhaus, 1187 m (gj. bew., 2. Novemberhälfte geschl.).

Einkehr danach: Rohr im Gebirge: Hotel Kaiser-Franz-Josef (Mo, Di, Mi Rt). Gutenstein: Gutensteiner Hof (Fr Rt).

Aufstieg:
Gleich nach dem Hof mit der roten Markierung talein Richtung Unterberg und nach einem Holzlagerplatz eintauchen in den wildromantischen und kalten Miragraben mit seinen eiszapfenbewehrten Felsformationen und klammartigen Engstellen. Auf 970 m am Beginn einer Lichtung auf einer Forststraße rechts ab und nach zwei Kehren (Blick zum Unterberg-Gipfel) auf einen Boden. In nordöstliche Richtung einbiegen und hinaus auf eine Almfläche. Eine Jagdhütte bleibt rechts. Nach einer Baumgruppe linkshaltend hinauf an den Waldrand (einfaches Kreuz, schöner Schneebergblick). Auf einem leicht steigenden Waldweg (unterwegs Ötscherblick) weiter zur Kapelle Maria Einsiedl und zum nahen Unterberg-Schutzhaus. 2 Std.
Am rechten Rand der steilen Piste („Hüttenhang", evtl. rechts im Wald ausweichen) hinauf zum Gipfelkreuz mit prächtigem 360°-Panorama. ½ Std.

Abstieg:
Nach Westen auf dem aussichtsreichen, teils verwechteten Kamm – unter Umständen „wechtenreitend" – dahin. Im Bereich des Blochbodens mit seinen knorrigen alten Bäumen über eine Kuppe, nach Südwesten einschwenken und nach einem weiteren kurzen Anstieg hinunter Richtung Jagdhütte Unterberg. Noch vor der Hütte rechts an den Waldrand und auf einem Forstweg in den Wald. Nach einem Linksbogen gerade zu einer Lichtung und bei zunehmendem Gefälle nach einem Rechtsknick in einer langgezogenen, bei Pulverschnee genussvollen Rampe, die zweimal Forststraßen kreuzt, abwärts. Dann links einschwenken auf eine breite Forststraße und durch den Gscheidgraben zurück zum Ausgangspunkt. 1½ Std.

Tipps und Varianten:

- Durchgehende Begehung des Miragrabens vom Gries zum Unterberg-Schutzhaus, rot markiert. Kürzer, aber weniger schön.
- Ebener, direkter Übergang vom Unterberg-Schutzhaus nach Westen auf den Blochboden, rot markiert.

4 Almesbrunnberg, 1079 m, und Steinwandklamm

Zuerst sanft, dann rassig.

Berg oder Klamm – oder beides. Sie haben die Wahl: einen eher unbekannten, leicht erreichbaren und eine schöne Aussicht versprechenden Waldberg besteigen und/oder eine im Winter überaus eindrucksvolle Steganlage durch die enge Felsenschlucht der Steinwandklamm begehen. Eine Kombination wäre das Optimum, wenn auch jeder Teil für sich allein ein besonders lohnendes Erlebnis garantiert.

Route: Jagasitz–Almesbrunnberg–Berg–Steinwandklamm–Jagasitz

Charakter und Anforderungen: Abwechslungsreiche Runde mit einer leichten Gipfelbesteigung und einer fakultativen tollen Klammbegehung.

Zeit: 3½ Std.

Höhenunterschied: 570 m

Distanz: 8 km

Start und Ziel: GH Jagasitz, 710 m (Do, Fr Rt)

Mit Bahn und Bus: Von Wr. Neustadt mit der Regionalbahn durch das Piestingtal nach Pernitz und mit dem Unterberg-Skibus zum GH Karnerwirt (täglich nur ein Kurs).

Mit dem Auto: Von Wien A2 bis Wöllersdorf, B21 durch das Piestingtal nach Pernitz, rechts abzweigen Richtung Unterberg, dann wieder rechts zum GH Jagasitz.

Orientierung: Großteils markierte Wege, Almesbrunnberg-Gipfelabstecher unmarkiert, aber leicht zu finden.

Karten: ÖK 75, UTM 4206

GPS-Wegpunkte (UTM/WGS 84): Start/Ziel O 570725, N 5308655. Almesbrunnberg O 568760, N 5309580.

Aussicht: Dürre Wand, Wechsel, Stuhleck, Rax, Schneeberg, Gippel, Ötscher, Türnitzer Alpen, Gutensteiner Alpen.

Lawinengefahr: Die Steinwandklamm sollte nur bei guten Verhältnissen begangen werden.

Einkehr unterwegs: keine

Einkehr danach: GH Jagasitz (Do, Fr Rt); Karnerwirt (Mo, Di, Mi Rt).

Route:

Vom Jagasitz (Schneeberg-Blick!) in einer Sackgasse (Schild „Karnerwirt") in westlicher Richtung über eine Schneefläche (bei der Rechtskurve gerade weiter) zum Waldrand. Rechts mit der grünen Markierung in den Wald und über den breiten Rücken, Forststraßen mehrmals kreuzend, höher. Am linken Rand eine Aufforstung entlang, dann auf einer Forststraße eben zu einer Lichtung und links etwas steiler auf den Almesbrunnberg (beste Aussicht von der nahen Gipfelwiese). 1½ Std.

In nordöstlicher Richtung über den Rücken zurück zu den Lichtungen und links den grünen Markierungen in einem ausgedehnten Rechtsbogen folgen, mal im Wald, mal über freie Flächen. Kurz auf einer Forststraße, dann auf einem Waldweg hinab zum Anwesen „Berg". Auf der Zufahrt rechts in die Klause (Felsformation) und noch vor der Brücke links ab zur Steinwandklamm. Zunächst durch den Waldgraben,

In der Steinwandklamm

dann in der faszinierenden engen Felsschlucht (Holzstege, -brücken, -treppen) von Höhepunkt zu Höhepunkt tiefer (Schneeschuhe besser abschnallen). Nach einem wieder sanfteren Abschnitt zur Jausenstation Reischer und rechts auf geräumtem, steilem Fahrweg (gelbe Markierung) zurück zum GH Jagasitz. 2 Std.

Tipps und Varianten:

- Im Anstieg zum Almesbrunnberg kann der Gipfel nach der Aufforstung direkt durch stimmungsvollen Wald erreicht werden.
- Von der Klause besteht eine einfache Möglichkeit, direkt zum Jagasitz zurückzukehren und somit die Steinwandklamm auszulassen.
- Für Bahn- und Bus-Fahrer: Markierter Aufstieg vom GH Karnerwirt und zum GH Jagasitz. Unterwegs Abzweigung nach links zum Almesbrunnberg (150 Hm, ½ Std.).

5 Dürre Wand, 1222 m

Der Schneeberg ist der Star!

Der lang gezogene, waldreiche und teilweise felsige Höhenrücken der Dürren Wand hält Winterschlaf. Hüttenwirte bleiben im Tal, Gäste großteils auch. Das könnte sich bald ändern. Denn für Schneeschuhwanderer bietet der Übergang vom Plattenstein über den Katharinenschlag zu einer idyllischen Lichtung geradezu ideale Möglichkeiten, in beschaulicher Umgebung und angesichts des zunehmend mächtig erscheinenden Schneebergs einen wunderschönen Tag zu erleben.

Route: Apfelbauer–Wegscheid–Schmoll–Plattenstein–Katharinenschlag–Blättertal–Am Wald–Wegscheid–Apfelbauer

Charakter und Anforderungen: Abwechslungsreiche Runde mit steilerem Anstieg zum Plattenstein und anschließender ausgedehnter Kammwanderung.

Zeit: 5½ Std.

Höhenunterschied: 800 m

Distanz: 12,5 km

Start und Ziel: Am Ascher, GH Apfelbauer, Parkplatz, 540 m.

Beim Katharinenschlag

Mit dem Auto: Von Wien A2 bis Wöllersdorf, B21 durch das Piestingtal. In Reichental abzweigen nach Miesenbach und talein zum GH Apfelbauer.

Orientierung: Teils unmarkierte, teils weglose Abschnitte, die Orientierungssinn erfordern.

Karten: ÖK 75, UTM 4206

GPS-Wegpunkte (UTM/WGS 84): Start/Ziel O 571660, N 5296980. Plattenstein/Gauermannhütte O 570270, N 5299010.

Lawinengefahr: keine

Aussicht: Hohe Wand, Bucklige Welt, Wechsel, Stuhleck, Schneeberg, Ötscher, Göller, Obersberg, Türnitzer Alpen, Gutensteiner Alpen, Wienerwald, Wiener Becken.

Einkehr unterwegs: keine

Einkehr danach: GH Apfelbauer

Aufstieg:

Auf der Straße wenige Schritte talaus, links über eine Brücke und auf geräumter Zufahrt zunächst ansteigend, dann flacher über Tuft nach Wegscheid (keine Parkmöglichkeit!). Rechts durch ein kurzes Waldstück zur Riegelwiese (Schild) und genussvoll über die lieblichen Weideflächen höher, vorbei am Schmoll-Hof in einen Wiesensattel (schöner Schnee-

bergblick). Dort links zum Waldrand, diesen kurz entlang, dann in den Wald und leicht steigend zu einem Waldweg. Auf diesem rechts mit geringem Höhenverlust weiter bis zu seinem Ende und, die Richtung beibehaltend, weglos zu einem Grabenweg und jenseits hinaus auf eine Wiese. Zu einem Hochstand hinüber, rechts vorbei, am Waldrand entlang und bald links in den lichten Wald hinauf zu einem Waldweg. Auf diesem in Kehren höher, dann in einer Querung bis zu der Stelle, wo der Weg sanft abfällt. Links abzweigen auf ein Weglein und in Kürze Einmündung in den rot und blau markierten Anstieg zur Gauermannhütte auf dem Plattenstein. Auf der ausgeprägten steileren Rampe zur Baumgartner-Rast, rechts hinauf auf den Bergrücken und in Kürze zum Gipfel mit seinem Millenniums-Gipfelkreuz. 2½ Std.

Kammwanderung und Abstieg:
Die Spuren retour und bald bei einer beschilderten Abzweigung rechts Richtung Öhler-Schutzhaus. Genussvolle, großteils nur leicht steigende Wanderung teils im Wald, teils an der Geländekante mit schönen Ausblicken. Im Bereich des Katharinenschlags ein lichter Abschnitt. Dort etwas rechts von der Markierung (lohnender wegen der Aussicht) über den teils verwechteten Rücken auf den höchsten Punkt und bald darauf wieder mit der Markierung weiter zum Beginn einer großen Lichtung (herrlicher Rastplatz). 1½ Std.
Im Wald links ab (rote Markierung) und bei Pulverschnee genussvoller Abstieg zum Anwesen Blättertal. Dort links, kurz in einen Sattel aufsteigen (Zaun), jenseits im Fichtenforst zu einer Gabelung, auf dem rechten Ast in Richtung einer kahlen Kuppe und links hinaus auf eine große Weidefläche. An ihrem unteren Rand entlang (nicht weiter im Graben nach Osten, Wildfütterung!) zu einer Forststraße. Diese verfolgen und nach einer Kehre direkt hinaus auf die freien Fläche „Am Wald". Auf der Zufahrt kurz talaus, dann scharf links, im Graben zu den Häusern von Wegscheid und zurück zum Ausgangspunkt. 1½ Std.

6 Hohe Wand, 1132 m

Am besten von hinten!

Auf der Schauseite eine rund 10 Kilometer breite, für Schneeschuhwanderer unüberwindliche Felsmauer. Wie wär's mit der Rückseite? Dort gibt es natürlich ebenso Fels, aber auch „Schwachstellen". Und oben an den schönsten Aussichtsplätzen – als Belohnung – eine Einkehrmöglichkeit nach der anderen, ideal zum Hüttenbummeln und zum Kennenlernen unterschiedlicher Bewirtschaftungsformen – von bodenständig bis exotisch angehaucht. Ein Hoch dem Schneeschuhwandern auf der Hohen Wand!

Route: Miesenbach–Scheuchenstein–Kleine Kanzel–Große Kanzel/Eichert-Hütte–Plackles–Scheibenhütte–Miesenbach

Charakter und Anforderungen: Anregende Runde mit steilerem Aufstieg und einigen Gehstrecken. Zahlreiche Einkehrmöglichkeiten.

Zeit: 5 Std.

Höhenunterschied: 730 m

Distanz: 12 km

Start und Ziel: Miesenbach, GH Börsenhof/Hornung, 498 m

Mit dem Auto: Von Wien A2 bis Wöllersdorf, B21 durch das Piestingtal. In Reichental abzweigen nach Miesenbach und talein bis zum GH Hornung.

Orientierung: Durchwegs markierte Wege, Achtung auf die Abzweigungen.

Karten: ÖK 75, UTM 4206

GPS-Wegpunkte (UTM/WGS 84): Start/Ziel O 573150, N 5298050. Plackles O 575025, N 5296155.

Lawinengefahr: Bei sehr ungünstigen Verhältnissen ist die Klamm bei Scheuchenstein kritisch (kann umgangen werden). Ansonsten keine gefährdeten Stellen.

Aussicht: Dürre Wand, Bucklige Welt, Wechsel, Stuhleck, Rax, Schneeberg, Gippel, Ötscher, Türnitzer Alpen, Gutensteiner Alpen, Wienerwald, Neusiedler See, Leithagebirge.

Von der Kleinen Kanzel Richtung Schneeberg

Einkehr unterwegs: Scheuchenstein, GH Perger, 556 m (Di, Mi Rt); GH Kleine Kanzel, 1055 m (Di Rt); Wilhelm-Eichert-Hütte, 1052 m (Mo Rt); Berghaus Plackles, 1132 m; Scheibenhütte, 868 m (Sa, So Ft bew.).

Einkehr danach: GH Hornung (Mo, Mi Rt), GH Apfelbauer.

Aufstieg:

Auf rot markiertem Wegerl Richtung GH Perger, vorbei am Gauermannhof nach Scheuchenstein (Schneeberg-Blick). Dort beim Museum rechts und bald links ab Richtung Klamm. Auf einem Feldweg zum Wald, nach einem Bach rechts, durch das Naturdenkmal Felsenschlucht (besser zu Fuß) und zu einer Straße. Mit der gelben Markierung Richtung Klaus und nach einer Felsenge hinauf zum herrlich gelegenen Klauser-Hof. Weiter Richtung Kleine Kanzel, am Waldrand links und auf zunehmend steilem Hohlweg bergan. Nach einem Rechtsbogen mündet eine blaue Markierung ein, es folgen im schönen Nadelmischwald einige Durchblicke. Bei einer Gabelung links zur Kleinen Kanzel, zunächst ein bequemerer Abschnitt, dann ab einer Kehre im Wald wieder steiler hinauf zum großen Parkplatz bei der Kleinen Kanzel und zum Gasthaus. 2¼ Std.

Hinter dem Gasthaus auf dem blau markierten geräumten Fahrweg (Schranken) zur nahen Kleinen Kanzel etwas rechts der Straße (schöne Aussicht). Weiter zum verträumten Wanddörfl, dann bezeichnete Abzweigung und kurzer Anstieg zur Wilhelm-Eichert-Hütte bei der Großen Kanzel (Aussicht!). ¾ Std.
Gelb und rot markierter, leicht ansteigender Übergang am Rand einer Lichtung zum Plackles und zum urigen Berghaus Plackles (Aussicht von der Terrasse!).

Abstieg:
Kurzer, steiler, rot markierter Abstieg nach Nordwesten in einen Sattel, dann links auf einem Waldweg und am Waldhang längere Querung, dann mit kurzem Anstieg wieder auf den Rücken und zur nahen Scheibenhütte („Scheimhitt'n") beim Rastkreuz, 868 m. Dort nach rechts auf die rot und blau markierte Zufahrt, im Bereich des Rastberg-Hofs kurz auf Asphalt, dann nach einer Kehre rechts ab, in einem Hohlweg zu den Grandhäusln und zurück zum Ausgangspunkt. 2 Std.

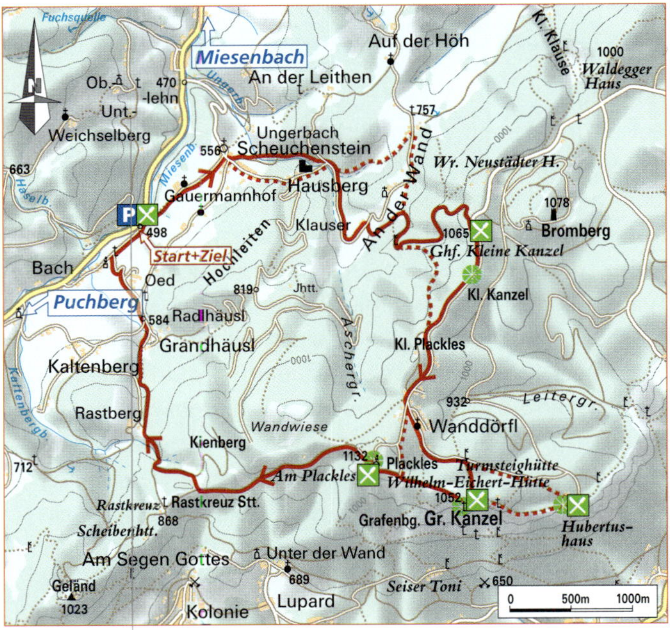

Ein Traum vom Winter

Tipps und Varianten:

- Von Scheuchenstein Umgehung der Klamm („Felsenschlucht") auf einer Hofzufahrt.
- Nach der Klamm links zum Wegkreuz Pkt. 752 (Schneeberg-Blick) und mit blauer Markierung Richtung Kleine Kanzel.
- Abkürzung vor der Kleinen Kanzel nach Süden zum Wanddörfl.
- Direkter Übergang vom Wanddörfl zum Plackles.
- Übergang vom Wanddörfl zum Hubertushaus, 946 m (Di Rt), und an der Geländekante die Felsabstürze entlang zur Eichert-Hütte.
- Abkürzer vor der Scheibenhütte zum Rastberg-Hof.
- Von den Grandhäusln auf dem Gauermann-Höhenweg zur Station „Alte Eiche", weglos links ab (schöner Eichenbestand) und in einem Waldgraben zurück zum GH Hornung.
- Pkw-Auffahrt von Süden (Stollhof) über die Mautstraße (Ketten mitnehmen) auf das Hochplateau mit seinen zahlreichen Möglichkeiten für (Schneeschuh-) Wanderungen auf markierten Wegen am Rand der Felsabstürze (Vorsicht!) und in den Wäldern.

7–10 Ebenwaldhöhe, 1000–1400 m

Gipfel-Quartett für jeden Geschmack: Reisalpe, 1399 m, Hochstaff, 1305 m, Kiensteiner Öde, 1160 m, Schwarzwaldeck, 1073 m

Das Gebiet rund um die Ebenwaldhöhe präsentiert sich als kleines niederösterreichisches Wintersportparadies. Über eine Straße ist die weitläufige plateauartige und schneesichere Hochfläche von Kleinzell aus erreichbar. Oben erwarten den Wintersportler gespurte Langlaufloipen, Skitourenmöglichkeiten (Reisalpe, Hochstaff) und eine schöne Auswahl an herrlichen Schneeschuhtouren auf landschaftlich abwechslungsreichen Routen zu aussichtsreichen Gipfeln. Je nach Lust und Laune lassen sich die vier Einzelziele auch kombinieren. Als Stützpunkt kommt die an Wochenenden und Feiertagen bewirtschaftete Ebenwaldhütte unweit des Parkplatzes in Frage.

Start und Ziel für alle Routen: Parkplatz Ebenwaldhöhe, 1020 m

Mit dem Auto: Von St. Pölten (A1) B20 über Traisen oder von Wien A1 bis Altlengbach und über die Klammhöhe jeweils auf die B18. Bei Rainfeld abzweigen nach Kleinzell und auf der Bergstraße (Ketten mitnehmen!) auf die Ebenwaldhöhe.

Karten: ÖK 74, UTM 4205 sowie nur für die Reisalpe-Tour UTM 4206

Aussicht von der Reisalpe: Wienerwald, Gutensteiner Alpen, Türnitzer Alpen, Schneeberg, Rax, Schneealpe, Gippel, Göller, Veitsch, Hochschwab, Ötscher, Gesäuse, Totes Gebirge, Wald- und Weinviertel, St. Pölten, Wien.

Einkehr: Ebenwaldhütte, 1046 m (Sa, So, Ft bew.).

Einkehr danach: GH Gaupmann (beschilderter kurzer Abstecher von der Strecke Ebenwaldhöhe–Kleinzell)

7 Kiensteiner Öde, 1160 m

Route: Ebenwaldhöhe–Kaltenreiter-Hof–Kiensteiner Öde–retour

Charakter und Anforderungen: Einfache und kurze Tour zu einem hervorragenden Aussichtspunkt. Ein echter Geheimtipp!

Zeit: 2 Std.

Höhenunterschied: 170 m

Distanz: 4,5 km

Orientierung: Großteils unmarkiert, daher etwas Orientierungssinn erforderlich.

GPS-Wegpunkte (UTM/WGS 84): Start/Ziel O 551770, N 5314510. Kiensteiner Öde O 550945, N 5316050.

Lawinengefahr: Bei sehr ungünstigen Verhältnissen Vorsicht am südseitigen Gipfelhang der Kiensteiner Öde.

Aufstieg:

Auf dem Güterweg oder – schöner – rechts parallel über Wiesenflächen zum Kaltenreither-Hof und links zum Waldrand (Holzlagerplatz). Weiter in westlicher Richtung auf einem Forstweg zum Gatter mit Schild „Stierweide" (im Winter droht keine Gefahr!). Nach Norden einschwenkend bald hinaus auf eine Lichtung. Auf dieser links aufwärts und über

Beim Aufstieg zur Kiensteiner Öde

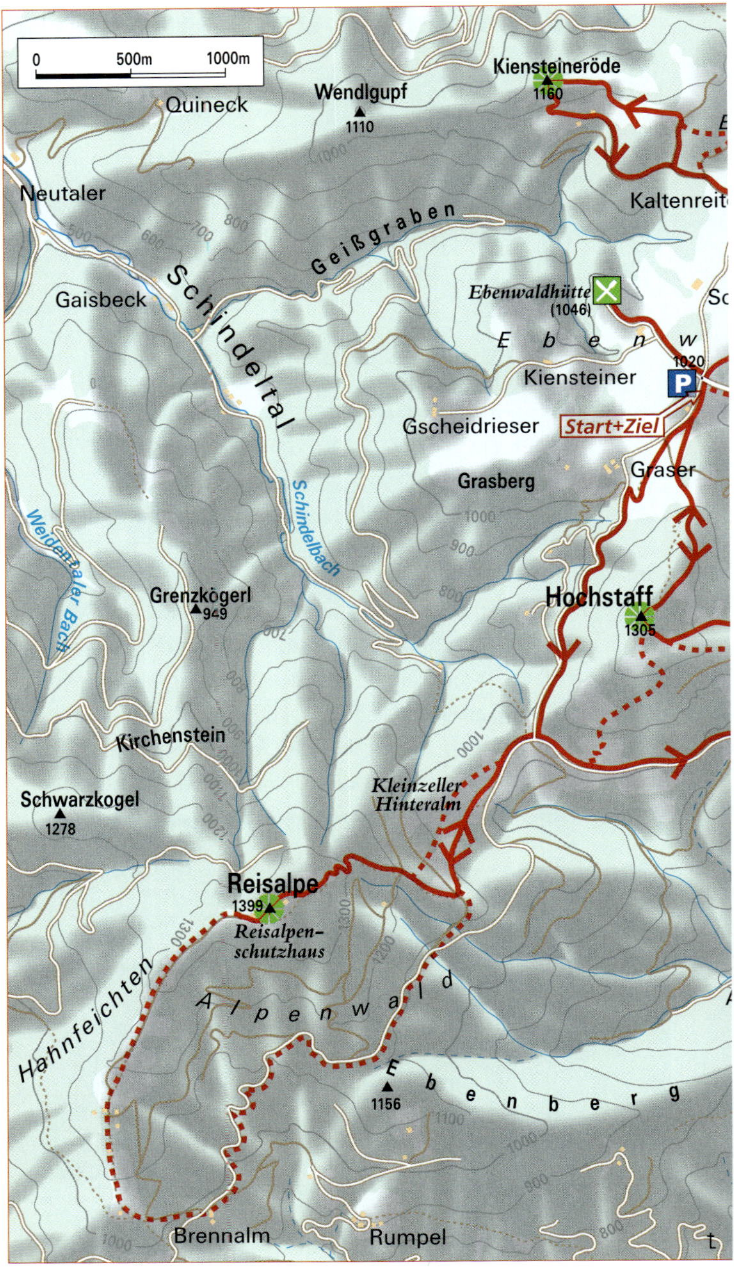
0
500m
1000m
Quineck
Wendlgupf
1110
Kiensteineröde
1160
Kaltenreit
Neutaler
Geißgraben
Schindeltal
Gaisbeck
Ebenwaldhütte
(1046)
Ebenw
1020
Kiensteiner
Gscheidrieser
Start+Ziel
Graser
Grasberg
Schindelbach
Weidentaler Bach
Grenzkögerl
949
Hochstaff
1305
Kirchenstein
Schwarzkogel
1278
Kleinzeller Hinteralm
Reisalpe
1399
Reisalpen-
schutzhaus
Hahnfeichten
Alpenwald
1156
Ebenberg
Brennalm
Rumpel

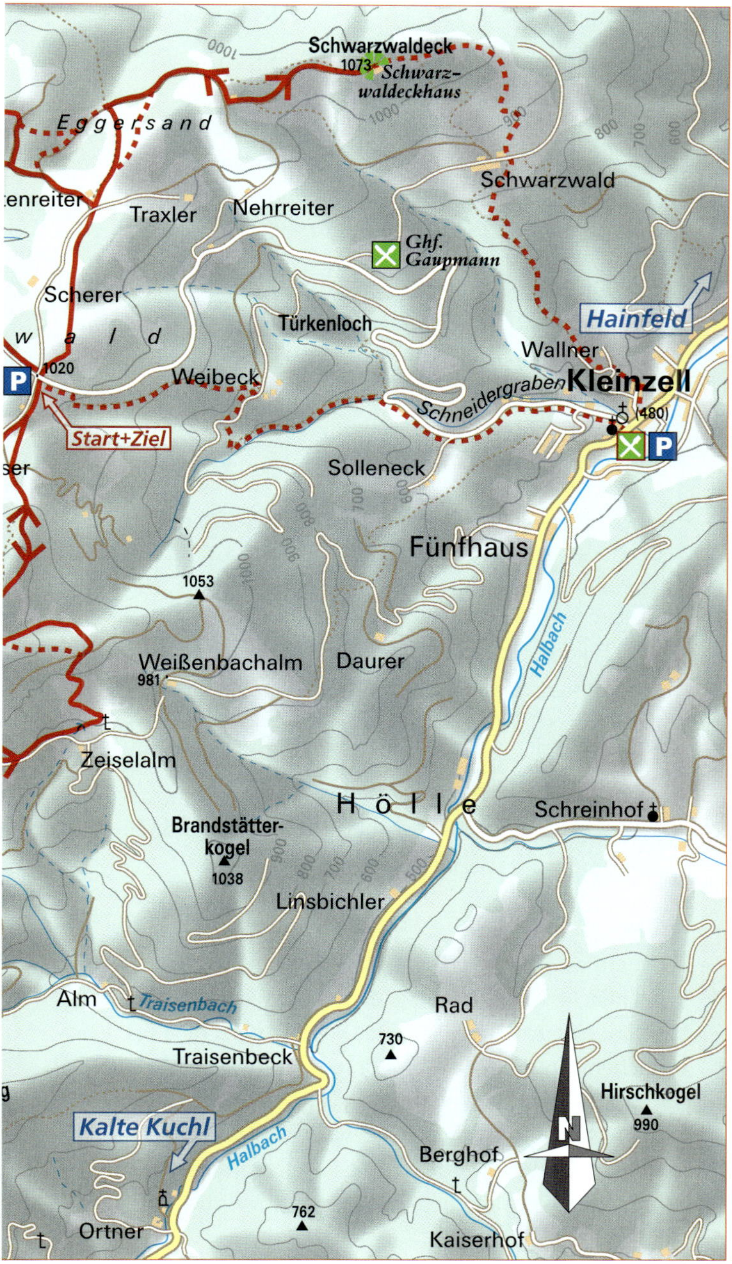
Schwarzwaldeck
1073
Schwarz-
waldeckhaus
Eggersand
Schwarzwald
Traxler
Nehrreiter
Ghf.
Gaupmann
Scherer
Hainfeld
Türkenloch
Wallner
w a l d
1020
Weibeck
Kleinzell
Schneidergraben
(480)
Start+Ziel
Solleneck
Fünfhaus
1053
Halbach
Weißenbachalm
981
Daurer
Zeiselalm
H ö l l e
Schreinhof
Brandstätter-
kogel
1038
Linsbichler
Alm
Traisenbach
Rad
730
Traisenbeck
Hirschkogel
990
Kalte Kuchl
Halbach
Berghof
762
Ortner
Kaiserhof

die stimmungsvollen Flächen auf den Bergrücken und zum höchsten Punkt (Wechten!). 1¼ Std.

Abstieg:
Über den südseitigen Gipfelhang genussvoll abrutschen und links zu einer Scheune. Auf dem Forstweg in den Wald und nach einem Linksbogen ebene Querung zurück zum „Stierweiden-Gatter" und weiter zum Ausgangspunkt. ¾ Std.

Tipps und Varianten:

- Kombination mit der Schwarzwaldeck-Tour. Beschreibung siehe dort.

8 Schwarzwaldeck, 1073 m

Route: Ebenwaldhöhe–Kaltenreiter-Hof–Schwarzwaldeck–retour

Charakter und Anforderungen: Einfache und kurze Tour zu einer herrlichen Schneeberg-Aussichtsterrasse.

Zeit: 2½ Std.

Höhenunterschied: 150 m

Distanz: 6,5 km

Orientierung: durchwegs markierte Wege

GPS-Wegpunkte (UTM/WGS 84): Start/Ziel O 551770, N 5314510. Schwarzwaldeckhütte O 553535, N 5316150.

Lawinengefahr: keine

Route:
Auf dem Güterweg oder – schöner – rechts parallel über Wiesenflächen zum Kaltenreiter-Hof. Die Richtung beibehaltend auf eine Anhöhe (Pkt. 1064) und jenseits hinab zu einer einfachen Holzhütte am Waldrand. Rechts einschwenkend mit den blauen Markierungen teils im Wald, teils über freie Flächen hinüber zum Schwarzwaldeck. Das Schwarzwaldeckhaus steht in Privatbesitz, die Terrasse mit dem schönen Schneebergblick kann aber betreten werden. 1¼ Std.

Abstieg: wie Aufstieg. 1¼ Std.

Tipps und Varianten:

- Kombination mit der Tour auf die Kiensteiner Öde: Von der einfachen Holzhütte am Waldrand in südwestlicher Richtung über die Lichtung, dann nach Westen durch ein Waldstück und weiter über freie Flächen hinauf auf die Kiensteiner Öde.
- Bei ausreichender Schneelage großzügige Rundtour von Kleinzell: Schneidergraben (zunächst Fahrstraße)–Weibeck–Ebenwaldhöhe–Schwarzwaldeck–Schwarzwald–Wallner–Kleinzell. Ca. 5 Std., 700 Hm, 10 km.

9 Hochstaff, 1305 m

Route: Ebenwaldhöhe–Kleinzeller Hinteralm–Hochstaff–Ebenwaldhöhe

Charakter und Anforderungen: Technisch – wegen des Abstiegs – anspruchsvollere Tour auf den gerne besuchten „alpinen" Nachbarn der Reisalpe.

Zeit: 3 Std.

Höhenunterschied: 400 m

Distanz: 6 km

Orientierung: Teils markiert. Bei Nebel Achtung im Gipfelbereich auf die felsigen Abstürze. Im Abstieg Orientierungssinn erforderlich.

GPS-Wegpunkte (UTM/WGS 84): Start/Ziel O 551770, N 5314510. Hochstaff O 551505, N 5313265.

Lawinengefahr: Im Übergang von der Ebenwaldhöhe zur Kleinzeller Hinteralm bei sehr ungünstigen Verhältnissen Vorsicht bei einigen Waldgräben.

Aufstieg:

Wie bei der Reisalpe-Tour zur Kleinzeller Hinteralm. Dort sofort links einschwenken und in allgemein östlicher Richtung auf einer sanft fallenden Forststraße hinüber zur Zeißlalm. Anstieg über die Almfläche zu ihrem oberen Rand. Im Wald nach Norden weiter auf einen Rücken und über diesen oder dahinter über Lichtungen nach Westen zum Gipfel. 2¼ Std.

Ausblick vom Hochstaff

Abstieg:
Auf dem Gipfelkamm nach Nordosten in einen schwach ausgeprägten Sattel. Die Richtung beibehaltend knapp rechts um den Rücken herum und im Wald leicht linkshaltend steil in eine Mulde (links Felsen). Kurz darauf durch eine auffällige schneearme Zone (Warmluftaustritt zwischen den Steinen). Dann über den Rücken weiter und im zunehmend lichten Wald linkshaltend hinaus auf die Almflächen der Ebenwaldhöhe und zurück zum Ausgangspunkt. ¾ Std.

Tipps und Varianten:

- Auf der Kleinzeller Hinteralm nur kurz Richtung Zeißlalm und direkt über die teils steilen Südhänge (Wiesen- und Waldabschnitte) hinauf zum Hochstaff. Der erste Wiesenhang ist mitunter lawinenkritisch!
- Kombination mit einer Besteigung der Reisalpe. Mehraufwand ca. 1¾ Std. Anstiegsverlauf siehe Reisalpe-Tour.

10 Reisalpe, 1399 m

Route: Ebenwaldhöhe–Kleinzeller Hinteralm–Reisalpe–retour

Charakter und Anforderungen: Klassische und technisch einfache Tour auf einen phantastischen Aussichtsberg. Oft von Skitourengehern gespurt.

Zeit: 3¾ Std.

Höhenunterschied: 500 m

Distanz: 8,5 km

Orientierung: Durchwegs markierte Wege, im baumfreien Gipfelbereich Achtung bei Nebel.

GPS-Wegpunkte (UTM/WGS 84): Start/Ziel O 551770, N 5314510. Reisalpenhaus O 549480, N 5311660.

Lawinengefahr: Im Übergang von der Ebenwaldhöhe zur Kleinzeller Hinteralm bei sehr ungünstigen Verhältnissen Vorsicht bei einigen Waldgräben.

Route:

Vom Parkplatz in südlicher Richtung mit den roten Markierungen durch ein kurzes Waldstück. Auf der folgenden Wiesenfläche erster Blick zum Hochstaff-Gipfelkreuz, zur Reisalpe und zum Ötscher. Eine Baumreihe entlang um ein Grund-

Ausblick von der Reisalpe

stück, kurz runter zu einer Forststraße und auf dieser links. Im Wald ebene Querung der steilen Westhänge des Hochstaffs hinüber zur idyllisch gelegenen Kleinzeller Hinteralm. Dort erster schöner Schneebergblick. Über die Almfläche mit ihren knorrigen solitären Bäumen links abdriftend zum oberen Ende der Lichtung. Rechts über einen Rücken weiter, dann nach Südwesten einschwenken und über eine zunehmend steile Schneise (Skifahrer!) in etwas mühsamen Kehren hinaus auf die freie Gipfelkuppe. An einer militärischen Einrichtung vorbei auf den höchsten Punkt (bei guter Fernsicht ein Traum!). Das Reisalpen-Schutzhaus liegt weitere 70 Distanzmeter südwestlich vom Gipfel. 2¼ Std.

Abstieg wie Aufstieg. 1½ Std.

Tipps und Varianten:

- Kombination (auf dem Rückweg) mit einer Hochstaff-Besteigung. Mehraufwand ca. 1 Std. Anstiegsverlauf siehe Hochstaff-Tour.
- Aussichtsreicher Abstieg von der Reisalpe nach Süden zur Brennalm, 988 m. Auf einer kurvenreichen Forststraße (gelbe Markierung) durch den Alpenwald in einen Sattel nordwestlich von Pkt. 1156 und zurück zur Kleinzeller Hinteralm. 1½ Std.
- Übergang über den Gscheidboden zur Traisner Hütte auf der Traisner Hinteralm und zum Muckenkogel (am Wochenende Sessellift-Betrieb bis 16:00) und weiter nach Lilienfeld. Lange Tour mit steilerem Anstieg zur Sternleiten! Siehe auch Tour 14 (Traisner Hinteralm).

11 Hegerberg, 1179 m

Eine schöne Entdeckung!

Wer wagt, gewinnt! Und beim Schneeschuhwandern ist der Einsatz nicht hoch. Sie kennen vom Sommer eine Tour, oder Sie entdecken in der Karte einen Gipfel, der Ihnen bisher überhaupt nicht aufgefallen ist. Sie überlegen, ob und wie eine Schneeschuhwanderung dorthin möglich ist. Und schon geht's los ins kleine Abenteuer. Auf dem Hegerberg war der Autor auf diese Art sehr erfolgreich!

Route: Kalte Kuchl–Hegerberg–Werasöd–Kalte Kuchl

Charakter und Anforderungen: Ausgefallene, nicht allzu lange Gipfeltour mit einigen Orientierungsaufgaben durch reizvolles und unbekanntes Bergland.

Zeit: 3½ Std.

Höhenunterschied: 500 m

Distanz: 7 km

Start und Ziel: GH Kalte Kuchl, Parkplätze, 728 m

Mit dem Auto: Von St. Pölten (A1) B20 über Traisen, oder von Wien A1 bis Altlengbach und über die Klammhöhe jeweils auf die B18. Bei Rainfeld abzweigen auf die B 27 und über Kleinzell zur Kalten Kuchl.

Orientierung: Größtenteils unmarkierte Abschnitte, guter Orientierungssinn erforderlich.

Karten: ÖK 74, UTM 4205, 4206

GPS-Wegpunkte (UTM/WGS 84): Start/Ziel O 551105, N 5304020. Hegerberg O 549855, N 5305715.

Lawinengefahr: keine

Aussicht: Wald- und Weinviertel, Wienerwald, Gutensteiner Alpen, Türnitzer Alpen, Gippel, Göller, Ötscher, Gemeindealpe, Dürrenstein, Schneeberg, Rax, Schneealpe, Veitsch, Hochschwab

Einkehr unterwegs: keine

Einkehr danach: GH Kalte Kuchl

Spaß im Pulverschnee

Aufstieg:

Vom Gasthaus auf der Straße Richtung St. Aegyd bis zur ersten Kurve, dort auf den rot markierten Wanderweg links ausscheren und auf diesem durch einen seichten Graben zurück zur Straße. Diese überqueren und am rechten Rand die Lichtung entlang. Bei der ersten Forststraßen-Gabelung rechts, bei der nächsten links. Ansteigend im Wald auf einen Rücken (kleine Lichtung) östlich der Kuppe Pkt. 904. Leicht linkshaltend mit geringem Höhenverlust auf eine größere Lichtung. Nach Norden wieder in den Wald und zu einer Forststraßenkehre. Ab dort über den Bergrücken in nordwestlicher Richtung fast 300 Höhenmeter (mühsam-steiler Mittelteil, dann flacher) auf den Hegerberg. 2 Std.

Abstieg:

Die Runde gegen den Uhrzeigersinn fortsetzend über den Rücken weiter (Aussichtsplätze, schöne kleine Felsformationen) zu einer Forststraßenkehre. Dem Rücken nach Südwesten folgen auf einen Absatz, 1000 m. Dort ab nach Süden, dem sich wieder ausbildenden Rücken folgen (unterwegs neuerlich Felsen) in einen Sattel, 880 m. Leicht links haltend durch einen Graben auf eine Forststraße (rote Markierung) und links zur Landstraße. Über die Brücke, dann bei der zweiten Abzweigung rechts auf die Lichtung und flacher Anstieg in einen Sattel. Jenseits zur Straße und der roten Markierung folgend zurück zum Start. 1 Std.

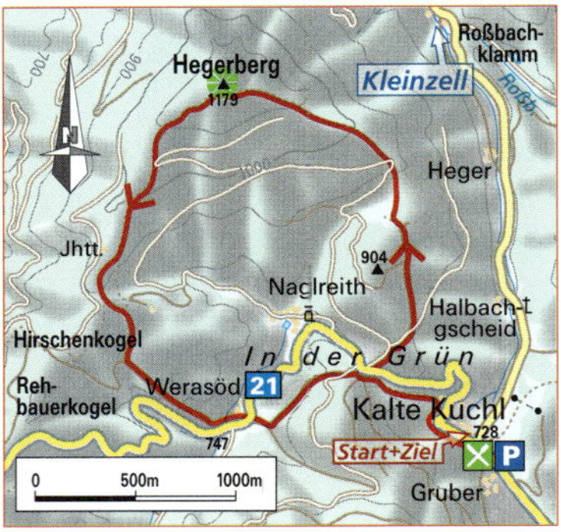

12 Jochart, 1266 m

Kurz und einmalig gut!

Die Jochart ist eine Sensation im Kleinen und im Verborgenen. Ein unscheinbarer Berg in einem abgelegenen Teil der Gutensteiner Alpen. Feinfühlige Schneeschuhwanderer werden da hellhörig, müssen sich diesen Berg aus der Nähe anschauen, müssen ihm aufs Haupt stapfen und dürfen sich dann bestätigt fühlen. Die Tour hat sich wirklich gelohnt.

Route: Rohr–Schacherbauer–Jochart–Rohr

Charakter und Anforderungen: Kurze Tour mit einem gemütlichen ersten und einem steileren zweiten Abschnitt.

Zeit: 3¼ Std.

Höhenunterschied: 620 m

Distanz: 7,5 km

Start und Ziel: Rohr im Gebirge, 683 m

Mit dem Auto: Von Wien A2 bis Wöllersdorf, B21 durch das Piestingtal und über den Rohrer Sattel nach Rohr. Oder von Norden (Hainfeld) B27 über die Kalte Kuchl, dann B21 nach Rohr.

Auf der Jochart, Blick nach Westen zum Ötscher

Orientierung: Durchwegs markierte Wege, Achtung auf ca. 900 Metern Höhe auf den Beginn des steileren Abschnitts.

Karten: ÖK 74, UTM 4206

GPS-Wegpunkte (UTM/WGS 84): Start/Ziel O 554840, N 5304965. Jochart O 553210, N 5306810.

Lawinengefahr: Nach dem Schacherkreuz kann der Bereich bei der Felsformation bei sehr ungünstigen Verhältnissen kritisch sein.

Aussicht: Schneeberg, Rax, Schneealpe, Ötscher, Hochschwab, Veitsch, Mürzsteger Alpen, Gutensteiner Alpen, Türnitzer Alpen, Wienerwald.

Einkehr unterwegs: keine

Einkehr danach: Rohr: Hotel Kaiser Franz Josef (Mo, Di Rt, im Nov. 3 Wochen geschl.)

Aufstieg:

Vom kleinen, verträumten Ortskern bei der Kirche hinab zur Volksschule und jenseits der Straße (rote Markierung, Schild „Skifahren verboten") hinauf zum nahen Garhof. Durch das Anwesen, dann über freie Flächen zu einer Talenge und zum

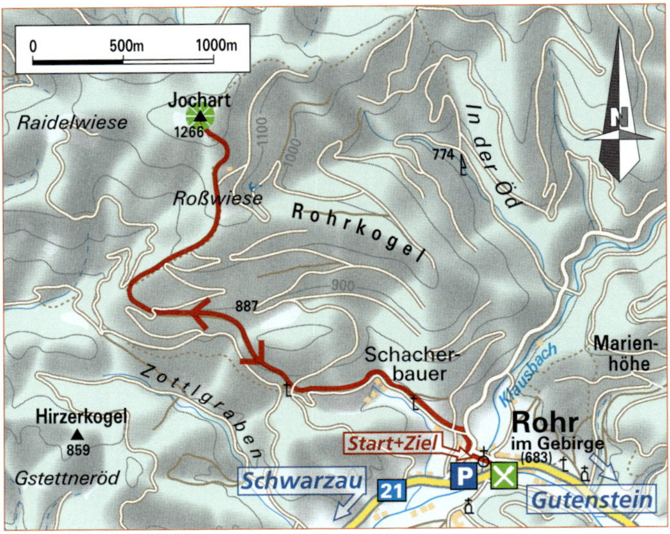

Auf der Jochart, Blick nach Süden zu Schneeberg und Rax

Schacherbauer. Auf einem Forstweg am Waldrand ansteigend in einen Sattel (Schacherkreuz). Der blauen Markierung Richtung Jochart folgen, vorbei an einer Felsformation und durch außergewöhnlich schöne Waldbestände (erste Ausblicke zu Schneeberg und Rax) zu einer Lichtung auf 900 Metern Höhe. Die Richtung beibehaltend eben hinüber zu einem dichteren Waldabschnitt, dann rechts auf dem Bergrücken Beginn eines steileren Anstiegs. Auf 1100 m hinaus auf eine Lichtung (Aussicht!), kurz hinab in einen Sattel und jenseits leicht rechts haltend durch schöne Buchenbestände höher. Dann links abdriften, durch dichte Fichtenbestände hinaus in eine lichtere Zone und zum Gipfelkreuz. Die beste Aussicht eröffnet sich etwas westlich. 2½ Std.

Abstieg wie Aufstieg. 1¼ Std.

13 Handlesberg, 1370 m

Stiller Gipfel im Schneeberg-Schatten

Der Sommerweg auf den Handlesberg wurde vor einigen Jahren durch einen Kahlschlag teils arg verschandelt. Für Schneeschuhgeher bieten sich aber zum Glück lohnende Alternativen, um diesen ruhigen Schneeberg-Trabanten zu besuchen. Ein schattig-kalter Ausgangspunkt, ein bald sonniger Anstieg in reizvoller Umgebung, ein prächtiges Gipfelpanorama sind die Zutaten für diesen beschaulichen Bergtag.

Route: Vois–Mitterriegel–Steinritzel–Handlesberg–Vois

Charakter und Anforderungen: Kompakte Runde mit einem einzigen kurzen, etwas fordernden Abschnitt unter dem erwähnten Jägerstand.

Zeit: 5 Std.

Höhenunterschied: 750 m

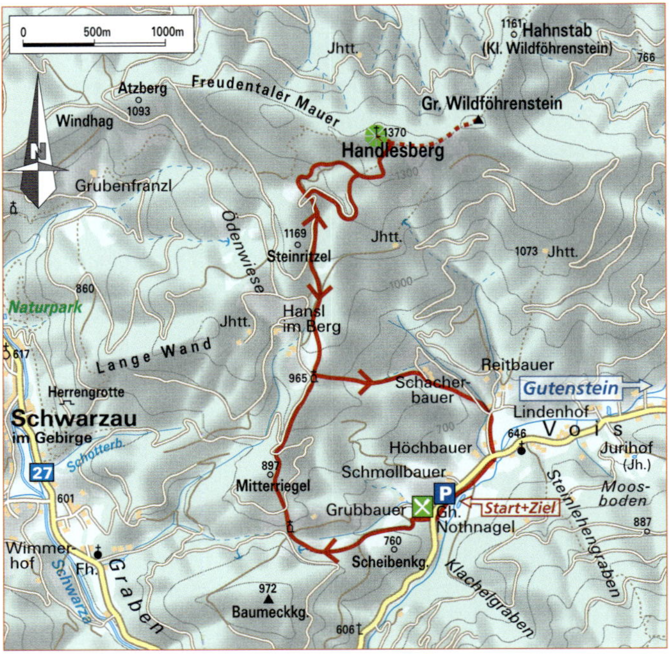

Distanz: 9,5 km

Start und Ziel: GH Nothnagel (Alpenblick), 640 m (Mo Rt, Febr. geschl.).

Mit dem Auto: Von Wien A2 bis Wöllersdorf, B21 durch das Piestingtal nach Gutenstein und weiter über das Klostertaler Gscheid in die Vois. Oder B27 von Norden über die Kalte Kuchl oder von Süden durch das Höllental.

Orientierung: Großteils unmarkierte und zum Teil auch weglose Abschnitte. Orientierungssinn erforderlich.

Karten: ÖK 74, UTM 4206

GPS-Wegpunkte (UTM/WGS 84): Start/Ziel O 555795, N 5294560. Handlesberg O 555360, N 5297170.

Lawinengefahr: keine

Aussicht: Reisalpe, Unterberg, Waldviertel, Ötscher, Gemeindealpe, Dürrenstein, Göller, Gippel, Hochschwab, Tonion, Schneealpe, Schneeberg, Rax, Veitsch.

Einkehr unterwegs: keine

Einkehr danach: Vois, GH Nothnagel (Alpenblick), 640 m (Mo Rt, Febr. geschl.), Gutenstein: Gutensteinerhof (Fr Rt).

Aufstieg:

Von der Straße in der nahen Linkskurve rechts ab und auf rot markiertem Forstweg Richtung Schwarzau/Gebirge. Nach zwei Kehren direkt über eine Lichtung in einen Sattel (Bildstock). Nach Norden in den Wald, eine Forststraße kreuzen und leicht rechtshaltend um den Mitterriegel herum in einen Sattel (Föhren). Zu einer geräumten Straße und auf dieser ansteigend Richtung Steinbauer. Am Waldrand (Andacht) über die Weiden höher, links an einem Hochstand vorbei und zum nördlichen Ende der Wiese. Linkerhand auf einem Weg in den Wald und zu einer Lichtung. Dort auf den links parallel verlaufenden Weg übersetzen, auf diesem in den Steinritzel-Graben. Durch den stimmungsvollen, felsigen Einschnitt und nach zwei Kehren auf eine Lichtung. Rechts auf der aussichtsreichen Rampe weiter: Bald nach der Kehre kurze, steilere Querung am Hang zum Wald hin (rechts oben Felsen und ein Jägerstand) und nordöstlich leicht ansteigend zu einem

Panorama vom Handlesberg

Waldweg. Auf diesem höher, hinaus auf eine Lichtung, hinauf zum Gipfelkamm und in Kürze zum höchsten Punkt (kleines Kreuz). 3 Std.

Abstieg:
Zunächst den Spuren zurück folgen, dann auf dem Waldweg bleibend auf die große Lichtung und durch das Steinritzel und die Weide zurück zur Andacht am Waldrand. Dort links in östlicher Richtung tiefer, immer einer einfachen Mastenreihe folgend, teils durch etwas verwachsenes Gelände zu einem Forstweg und zum Schacherbauer. Schräg rechts über die Weiden in den Graben, hinaus zur Landstraße und rechts zurück zum Ausgangspunkt. 2 Std.

Tipps und Varianten:

- Aufstieg auf markiertem Weg südlich von Schwarzau/Gebirge zum Sattel südlich des Mitterriegels.
- Aussichtsreicher und stimmungsvoller Übergang vom Handlesberg in östlicher Richtung zu einer freien Kuppe, 1320 m. Hin und zurück ca. 100 Hm, ½ Std.

14 Traisner Hinteralm, 1311 m

Mit dem Sessellift in eine Bilderbuch-Winterlandschaft

Der Sessellift macht's möglich: Stundenlanges Lustwandeln ohne schweißtreibende Aufstiege. Auf der Traisner Hinteralm und in ihrem Hinterland ist das Realität. Traumhafte Winterbilder, Wälder, Almflächen, einsame Holzhütten und gleich mehrere Einkehrmöglichkeiten. Was stört es da, dass man das Vergnügen zu einem kleinen Teil mit Skifahrern und Skitourengehern teilen muss? Hauptsache, man kommt selbst auf seine Rechnung, und das nicht zu knapp!

Route: Sessellift-Bergstation–Klosteralpe–Schwarzwaldriegel–Kandlhofalm–Sternleiten–Traisner Hütte–Sessellift-Bergstation

Charakter und Anforderungen: Ausgedehnte Hochflächenrunde ohne besondere technische Anforderungen.

Zeit: 3¾ Std.

Höhenunterschied: 400 m

Distanz: 10 km

Vor der Traisner Hütte

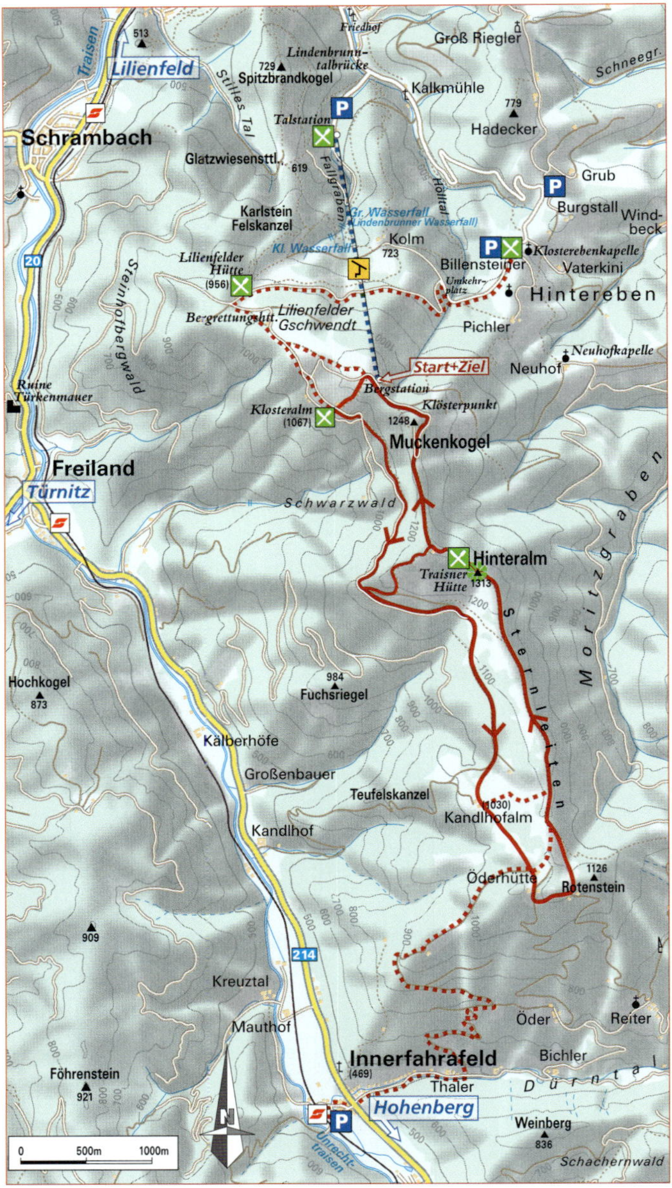
Lilienfeld
Schrambach
Spitzbrandkogel
Talstation
Lindenbrunntalbrücke
Friedhof
Groß Riegler
Kalkmühle
Hadecker
Grub
Burgstall
Windbeck
Glatzwiesensttl.
Karlstein Felskanzel
Gr. Wasserfall (Lindenbrunner Wasserfall)
Kl. Wasserfall
Kolm
Lilienfelder Hütte (956)
Billensteiner
Klosterebenkapelle
Vaterkini
Hintereben
Bergrettungshtt.
Lilienfelder Gschwendt
Pichler
Neuhofkapelle
Start+Ziel
Neuhof
Bergstation
Ruine Türkenmauer
Klosteralm (1067)
Klösterpunkt
Muckenkogel
Freiland
Türnitz
Schwarzwald
Hinteralm
Traisner Hütte
Sternleiten
Moritzgraben
Hochkogel
Fuchsriegel
Kälberhöfe
Großenbauer
Teufelskanzel
Kandlhofalm
Kandlhof
Öderhütte
Rotenstein
Kreuztal
Öder
Reiter
Mauthof
Innerfahrafeld (469)
Bichler
Dürntal
Thaler
Hohenberg
Föhrenstein
Weinberg
Unrechttraisen
Schachernwald
0 500m 1000m

Start und Ziel: Bergstation Muckenkogel-Sessellift, 1120 m (fährt Sa, So, Ft 8:30–16:00). Ansonsten Jausenstation Billensteiner am Ende der Kolmstraße, 680 m.

Mit der Bahn: Von St. Pölten über Traisen zum Bf Lilienfeld. Zu Fuß am Stift vorbei und auf der Straße zur Talstation des Sessellifts (2 km, ½ Std.).

Mit dem Auto: Von St. Pölten (A1) A20 über Traisen nach Lilienfeld und links abzweigen zur Sessellift-Talstation bzw. weiter auf der Kolmstraße (Ketten mitnehmen!) zur Jausenstation Billensteiner.

Orientierung: Orientierungssinn auf den Almflächen erforderlich. Bei Nebel stark erschwerte Bedingungen.

Karten: ÖK 56, 74, UTM 4205

GPS-Wegpunkte (UTM/WGS 84): Start/Ziel O 544740, N 5316555. Kandlhofalm O 545900, N 5311475. Traisner Hütte O 545550, N 5313360.

Lawinengefahr: Die steile Waldquerung von der Kloster-Hinteralpe zum Schwarzwaldriegel ist bei sehr ungünstigen Verhältnissen abschnittsweise kritisch.

Aussicht: Schneeberg, Rax, Schneealpe, Veitsch, Gippel, Göller, Ötscher, Kräuterin, Hochschwab, Gesäuse, Wald- und Weinviertel, Wienerwald, Gutensteiner Alpen, Türnitzer Alpen.

Einkehr unterwegs: Alm-GH Klosteralm, 1067 m (Mo Rt), Traisner Hütte, 1311 m (Mo, Di Rt), Lilienfelder Hütte, 956 m (Mo, Di, Mi Rt).

Einkehr danach: Jausenstation Billensteiner (Di, Mi Rt), Lilienfeld: 2 Konditoreien, GH Zum weißen Hahn.

Route:

Von der Bergstation neben einer Piste hinab zur nahen Klosteralpe und links auf den gelb markierten Waldweg, dann auf einer Forststraße ebener Übergang zum Schwarzwaldriegel. Dieser Abschnitt ist unter Umständen gut gespurt. Auf der Forststraße weiter und bald hinaus auf die Almflächen. Leicht nach rechts abdriften, hinunter zu einer kleinen Aufforstungsfläche und in südlicher Richtung durch stimmungsvolle gelichtete Wälder zur Kandlhofalm. Nach Südosten sanft

ansteigend zur Öderberghütte (auf der Karte nicht benannt, zuletzt an einem Zaun entlang). 2 Std.
Nach Osten kurz durch Wald zu einer Lichtung vor dem Rotenstein. Nach Norden einschwenken, über einen Boden zum Rücken der Sternleiten und an der aussichtsreichen Geländekante entlang, zuletzt deutlicher ansteigend zur Traisner Hütte auf der Hinteralm. 1¼ Std.
Nach Westen am Waldrand über den stumpfen Rücken absteigen, dann rechts einschwenken in einen meist gespurten Hangweg, der genau nach Norden zum Muckenkogel führt (unterwegs eine kurze Gegensteigung). Über den Muckenkogel (oder um ihn rechts herum auf dem Waldweg) zurück zur Sessellift-Bergstation. ½ Std.

Tipps und Varianten:

- Anstieg von der Jausenstation Billensteiner: Auf markiertem, ebenem Weg zunächst über freie Flächen, dann im Wald zu einer Lichtung (bis hierher evtl. Fahrmöglichkeit). Links ansteigen und nach einer Kehre im Wald die Trasse des Sessellifts kreuzend zur Lilienfelder Hütte und in südöstlicher Richtung am rechten Pistenrand zur Klosteralpe (großteils bezeichnet) und weiter wie oben.
- Vom Schwarzwaldriegel direkter Anstieg zur Traisner Hütte.
- Im Abschnitt Schwarzwaldriegel–Öderberghütte beliebige Abkürzungsmöglichkeiten auf den Kamm der Sternleiten.
- Anstieg von der Hst. Innerfahrafeld: Im Dürrental zum Thaler, nach Norden auf einem Forstweg steil höher und über die Hohe Eben auf die Hochfläche, die knapp nördlich der Öderberghütte betreten wird. Bis dorthin ca. 650 Hm, 2½ Std.

Türnitzer Alpen

Der höchste Gipfel ist gerade 1400 Meter hoch, also dominiert Wald. Felsen sind selten, Lichtungen und baumfreie Gipfelflächen sorgen für Aussicht und einige Hütten für Speis und Trank. Die Türnitzer Alpen sind typisches Übergangsgebirge – nicht mehr Hügelland, noch nicht alpin. Für den Schneeschuhwanderer also wie geschaffen. Er kann sich unbeschwert gehen lassen, Tour und Landschaft in vollen Zügen genießen.

Weitere empfehlenswerte Touren:

Geißbühel, 849 m
Sehr dankbarer Aussichtsberg über dem mittleren Pielachtal, mit der an Wochenenden bewirtschafteten Josef-Franz-Hütte, 820 m, nahe dem Gipfel. Kürzere Anstiege von Westen aus dem Pielachtal von der Hst. Tradigist oder von Süden von der Ortschaft Tradigist. Längere Anstiege von Norden von Rabenstein.

Gromann, 1076 m

Aus dem oberen Pielachtal von Frankenfels aus auf markierter Strecke erreichbarer Voralpen-Tausender mit Gipfelkreuz. Route: Frankenfels–Redtenbach–Eibeck–Gromann–retour.

Hoher Ulreichsberg, 1276 m

Nordwestlich vom Göller postierter Beobachtungspunkt mit leicht verdaulichem Anstieg. Am besten vom GH Gscheid, 950 m, 0,5 km auf der Straße Richtung Ulreichsberg (zwischen zwei Straßenbrücken). Dort auf der Forststraße nach Westen bis 1100 m und über den schönen, bewaldeten Südostrücken zum Gipfel. Abstieg wie Aufstieg.

15 Türnitzer Höger, 1372 m

Ein langer Weg zur weiten Rundumschau

Der Türnitzer Höger ist einer der Top-Gipfel der Türnitzer Alpen. Die absolute Höhe mag nicht besonders beeindrucken, wer aber einmal vor der Gipfelhütte die grandiose Aussicht erlebt hat, wird wissen, warum er touristisch so wichtig ist. Dieses Panorama muss man sich im Winter ehrlich verdienen, denn die mögliche Marscherleichterung durch eine Auffahrt fast bis zur Gschwendhütte fällt im Winter weg. Also heißt es, vom Tal aus den langen, aber sehr schönen Weg zu beschreiten – tour und wieder retour!

Route: Hohenberg/Steinparztal–Gschwendhütte–Stadelberg–Türnitzer Höger–Gschwendhütte–Steinparztal

Charakter und Anforderungen: Lange Gipfeltour mit sehr großem Höhenunterschied, bedingt u. a. durch zwei Gegensteigungen. Landschaftlich außergewöhnlich schön mit toller Gipfelschau bis zum Großen Priel.

Zeit: 6½ Std.

Höhenunterschied: 1250 m

Distanz: 13 km

Abenddämmerung vor der Türnitzer Hütte

Start und Ziel: Hohenberg, Steinparztal, Parkplätze, 530 m

Mit der Bahn: Von St. Pölten über Traisen nach Hohenberg.

Mit dem Auto: Von St. Pölten (A1) B20 über Traisen nach Freiland und B214 nach Hohenberg.

Orientierung: Durchwegs markierte Strecke, also keine besonderen Schwierigkeiten.

Karten: ÖK 73, 74, UTM 4205

GPS-Wegpunkte (UTM/WGS 84): Start/Ziel O 545100, N 5306085. Gschwendhütte O 542775, N 5304975. Türnitzer Höger O 541590, N 5307495.

Lawinengefahr: keine

Aussicht: Wein-, Wald- und Mühlviertel, Ötscher, Hochschwab, Gesäuse, Totes Gebirge (Gr. Priel), Göller, Gippel, Schneeberg, Rax, Schneealpe, Veitsch, Türnitzer Alpen, Gutensteiner Alpen

Einkehr unterwegs: Gschwendhütte, 1072 m (Sa, So, Ft bew).

Einkehr danach: Hohenberg: GH Zwei Linden

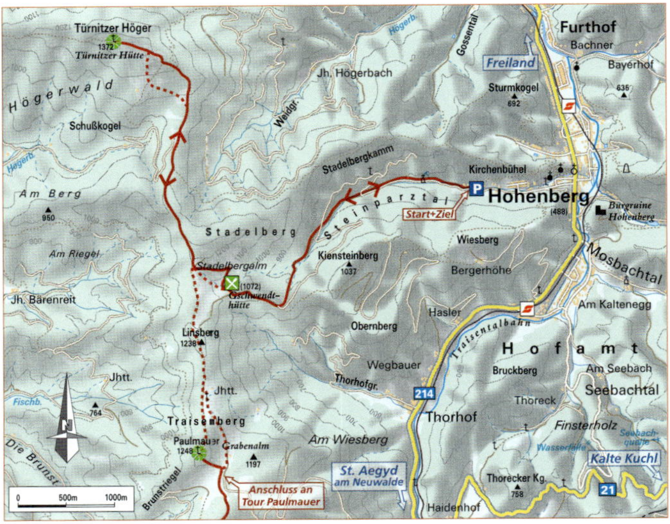

Aufstieg:
Vom Parkplatz auf der Straße talein (rote Markierung) durchs Steinparztal. Immer im Grabengrund der roten Markierung folgend in einen Sattel, 950 m, Schneebergblick. Am Pistenrand (kein Skibetrieb) hinauf zur Gschwendhütte, 1¾ Std.

Waldaufstieg

In nordwestlicher Richtung durch eine Mulde (oder rechts über einen Forstweg ausholend) auf den Stadelberg, 1226 m. Über den schönen, teilweise verwechteten Waldkamm genussvoll weiter nach Norden in einen weiten Sattel, Pkt. 1044. Hier Beginn des Schlussanstiegs: Über den lichten Rücken zunächst sanft ansteigend nach Norden, dann im steileren Wald allmählich nach Nordwesten und zuletzt über aussichtsreiche Flächen zur Türnitzer Hütte (im Winter offener, heimeliger Notraum) auf dem Gipfel. 2 Std.

Abstieg:
Wie Aufstieg. Zur Gschwendhütte 1½ Std., durchs Steinparztal zurück zum Ausgangspunkt 1¼ Std.

Tipps und Varianten:

- Wenn die Gschwendhütte bewirtschaftet ist, ist auch die Zufahrt über die Forststraße von Hohenberg einfach geräumt (Skidoo-Spur).
- Vom Türnitzer Höger über die baumfreien Gipfelhänge nach Süden, dann links abdriften und zurück in den Sattel Pkt. 1044.
- Kombinationsmöglichkeit mit einer Überschreitung über den Linsberg und die Paulmauer zur Zdarskyhütte, siehe Tour 16.

16 Paulmauer, 1248 m

Ideale Tour zum Auf-den-Geschmack-Kommen

Die Beliebtheit der Gegend um die Zdarskyhütte kommt nicht von ungefähr. Ein sonnseitiger Anstieg, der auch im Winter meist gespurt ist, eine Hütte am Rande einer lieblichen Almfläche und ein naher Gipfel, der – wie auch der Weg zu ihm – mit viel Aussicht punktet. Dass dieses Plateaugelände auch schneeschuhtauglich ist, hat sich daher längst herumgesprochen!

Route: St. Aegyd–Zdarskyhütte–Starkhöhe–Paulmauer–retour

Charakter und Anforderungen: Einfache Tour auf meist gespurtem Hüttenzustieg und mit kurzem, steilerem Gipfelanstieg

Zeit: 4¼ Std.

Höhenunterschied: 750 m

Distanz: 11,5 km

Start und Ziel: St. Aegyd/Neuwalde, GH Blumentritt, 580 m

Mit der Bahn: Von St. Pölten über Traisen nach St. Aegyd/Neuwalde.

Mit dem Auto: Von St. Pölten (A1) B20 über Traisen nach Freiland und B214 + B21 nach St. Aegyd.

Karten: ÖK 73, UTM 4205

GPS-Wegpunkte (UTM/WGS 84): Start/Ziel O 542135, N 5300195. Zdarskyhütte O 542160, N 5301835. Paulmauer O 542465, N 5303300.

Orientierung: Durchwegs markierte Wege, Orientierungssinn nützlich.

Lawinengefahr: keine

Aussicht: Türnitzer Höger, Traisner Hinteralm, Eisenstein, Tirolerkogel, Ötscher, Dürrenstein, Gesäuse, Gemeindealpe, Kräuterin, Hochschwab, Göller, Gippel, Schneeberg.

Einkehr unterwegs: Zdarskyhütte, 1082 m (Sa, So, Ft bew.)

Einkehr danach: St. Aegyd: GH Blumentritt (Di, Mi Rt)

Aufstieg:

Mit der roten Markierung vis à vis des Gasthaus' Blumentritt zum Gelände der Rot-Kreuz-Stelle, zum Haus Bernadette und durch die Berggasse aufwärts. Links einbiegen und auf einem Forstweg bis an sein Ende und weiter auf einen guten Steig (Schneebergblick). In zahlreichen Kehren am Waldhang, dann über einen Rücken höher. Auf einer Forststraße vorbei an der Abzweigung zur nahen Hermannsrast (lohnender Abstecher), bald danach links ab und durch den stimmungsvollen Wald höher. Auf der Forststraße noch einmal kurz links und rechts hinaus auf die Bürgeralpe. Den Markierungsstangen nach rechts folgend über die Ebene, zuletzt im Wald zur Zdarskyhütte. 2 Std.

In nördlicher Richtung zunächst eben, dann ansteigend und zunehmend aussichtsreich auf den Rücken der Starkhöhe, 1180 m. Dann allmählich etwas links einschwenkend hinunter in einen weiten Sattel vor der Grabenalm. Jenseits kurzer, steilerer Anstieg in nordwestlicher Richtung zum Gipfelkreuz auf der Felskanzel der Paulmauer. 1 Std.

Abstieg wie Aufstieg, 1¼ Std.

Tipps und Varianten:

- Bezeichneter Abstecher von der Zdarskyhütte zur nahen Aussichtskanzel.

- Kurze, stimmungsvolle „Ehrenrunde" auf der Bürgeralpe.
- Im Abstieg nach St. Aegyd kann nach der Abzweigung zur Hermannsrast beim Verlassen der Forststraße ein unbezeichneter Karrenweg (Schild „Winterabstieg") benutzt werden: genussvoll bei viel Neuschnee. Achtung: Deutlichen Linksknick nicht verpassen!
- Überschreitung von der Paulmauer über den Linsberg zur Gschwendthütte (Sa, So, Ft, Weihnachten u. Semesterferien bew.) und Abstieg durch das Steinparztal nach Hohenberg (Bf).

17 Enzian, 1230 m

Die einsame Winterblume des Traisenberges

Der lang gestreckte Höhenzug des Traisenberges trägt eine ganze Reihe unbekannter Gipfelerscheinungen, die selbst in der Sommerwanderzeit kaum besucht werden. Im Winter ist das nicht anders, wobei da das Fehlen von markierten Wanderwegen nicht negativ ins Gewicht fällt. Schließlich ist die Spuranlage auf der geschlossenen Schneedecke sowieso großteils Geschmacks- und Gespürsache. Mit diesen Sinnen ausgestattet, wird bei der Enziantour der romantische Aufstieg, die großartige Gipfelschau und der rassige Abstieg zu einem sehr fein abgestimmten Schneeschuhwandererlebnis.

Route: Gasthäusl–Klamm–Jodlboden–Enzian–Gasthäusl

Charakter und Anforderungen: Reizvolle kürzere Tour zu einem einsamen Winterziel. Sehr schöne Landschaftsmomente und ein recht sportlicher Abstieg.

Zeit: 3 Std.

Höhenunterschied: 550 m

Distanz: 5 km

Start und Ziel: Tal der Unrechttraisen, Gasthäusl, 725 m

Mit dem Auto: Von St. Pölten (A1) A20 über Traisen und Freiland nach St. Aegyd am Neuwalde und bald nach der Kirche rechts abzweigen ins Tal der Unrechttraisen bis zum Straßenende, Parkplatz.

Orientierung: Bis auf ein kurzes Stück durchwegs unmarkierte Strecke, die etwas Orientierungssinn erfordert.

Karten: ÖK 73, UTM 4205

GPS-Wegpunkte (UTM/WGS 84): Start/Ziel O 537290, N 5299910. Enzian O 536480, N 5300880.

Lawinengefahr: keine

Aussicht: Türnitzer Alpen, Gutensteiner Alpen, Gippel, Göller, Schneeberg, Rax, Schneealpe, Ötscher, Dürrenstein, Gesäuse, Hochschwab, Wienerwald.

Einkehr unterwegs: keine

Einkehr danach: St. Aegyd: GH Blumentritt (Di, Mi Rt)

Aufstieg:

Vom Parkplatz nicht auf dem Mariazellerweg 06 nach Süden, sondern rechts auf einer Forststraße in den Graben. Bald ein Wildgatter, diesem links ausweichen und nach kurzem Anstieg wieder in den Graben zurück (etwas Höhenverlust). Bald darauf durch eine romantische Klamm und im folgenden Linksbogen rechts ab. Weglos durch einen schönen Waldgraben aufwärts, unterwegs einige Felsformationen links und rechts. Der Graben schwenkt nach Norden ein, kreuzt zwei Forststraßen, wird nach oben hin weniger steil und führt halb rechts hinaus auf den Jodlboden (Aussicht). Weiter aus dem Sattel nach Norden über den teilweise verwechteten Rücken auf einen Absatz und zum nahen Gipfel. 2 Std.

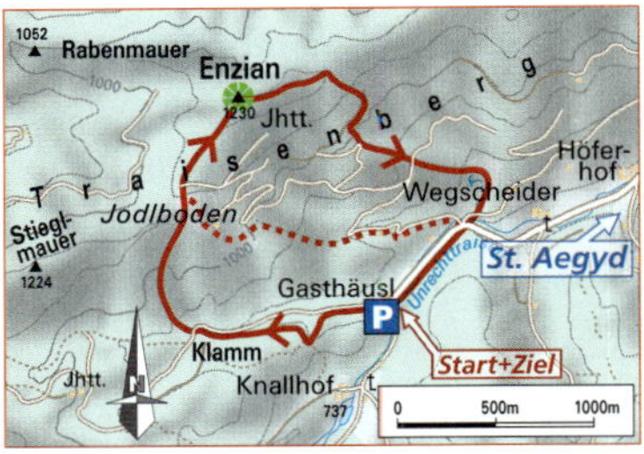

Abstieg:

Über den Gipfelrücken weiter in östlicher Richtung auf einen Nebengipfel. Bald darauf rechts ab über einen Schlag oder rechts davon im steilen Wald rassiges Abrutschen zu einer ersten Forststraße, 1060 m. Auf dieser kurz rechts, dann wieder in der Falllinie abwärts in eine sich ausbildende locker bewachsenen Waldmulde. Durch diese hinunter zu einer Lichtung, rechts durch einen kurzen Graben zu einer Forststraße und auf dieser ins Tal. In Kürze auf der Straße talein zurück zum Ausgangspunkt. 1 Std.

Tipps und Varianten:

- Gemütlicherer Abstieg vom Enzian: Zurück zum Jodlboden, über die Wiese nach Südosten abwärts, dann linkshaltend über den Waldrücken hinweg in einen Graben. Hinunter bis zu einer Forststraße, auf dieser ins Tal und rechts zurück zum Ausgangspunkt, 1 Std.

18 Hohenstein, 1195 m

Einsamer Stein mit hoher Qualität

Der Hohenstein ist für viele, die hoch hinaus wollen, nicht hoch genug. Aber Höhe allein ist nicht alles. Ein Berg braucht mehr: stimmungsvolle Anstiege, schöne Aussichtsplätze, gemütliche Stützpunkte. Letztere hat der Hohenstein im Winter zwar nicht, alles andere dafür reichlich. Deshalb ist er, wenngleich kein Geheimtipp mehr, so doch ein Ziel für Individualisten, die ihre Freizeit in einer friedlichen und garantiert erholsamen Landschaft verbringen wollen. Er verspricht gerade im Winter einen Tourentag, der einem das Gefühl vermittelt, eine ganze Woche unterwegs gewesen zu sein.

Route: Dickenau–Schacherbauer–Zittertal–Hohenstein–Hauserbauerngraben–Dickenau

Charakter und Anforderungen: Landschaftlich abwechslungsreiche Tour zu einem einsamen Winterziel mit einer überraschenden, weiten Gipfelschau.

Zeit: 5 Std.

Höhenunterschied: 850 m

Distanz: 12,5 km

Vor dem Otto-Kandler-Haus

Start und Ziel: Dickenau, 420 m

Mit dem Auto: Von St. Pölten (A1) A20 über Traisen und Freiland nach Dickenau.

Orientierung: Bis auf eine kurze Strecke durchwegs markierte Wege, die aber abschnittsweise wegen der Wegführung Aufmerksamkeit erfordern.

Karten: ÖK 73, UTM 4205

GPS-Wegpunkte (UTM/WGS 84): Start/Ziel O 538020, N 5311010. Hohenstein O 537230, N 5314710.

Lawinengefahr: keine

Aussicht: Gutensteiner Alpen, Türnitzer Alpen, Gippel, Göller, Schneeberg, Rax, Schneealpe, Ötscher, Dürrenstein, Gesäuse, Hochschwab, Totes Gebirge, Most-, Wald- und Weinviertel, Wienerwald

Einkehr unterwegs: keine. Offener Winterraum im Otto-Kandler-Haus auf dem Hohenstein.

Einkehr danach: Türnitz: Hotel Goldener Löwe.

Aufstieg:

Auf der Bundesstraße flussaufwärts durch die schluchtähnliche Talenge und nach einer Brücke rechts Richtung Wiesbauer in das Tal des Stelzerbachs. An bezeichneter Stelle auf den rot markierten Emil-Zöchling-Weg einbiegen und auf mittelsteilem Waldweg in einen Wiesensattel. Links zu einem flacheren Waldrücken (teils verwachsen), dann etwas rechts haltend über eine Lichtung (auf den Wegverlauf achten, Zäune) und genau nach Norden zu einer Alm (Ötscherblick). Auf einem Forstweg zu einem Eck und jenseits mit geringem Höhenverlust, einmal eine Forststraße kreuzend, in den Hauserbauerngraben. Im Grabengrund zur Weide Zittertal (kleines Bauernhaus). Auf dem Forstweg ansteigen, dann nicht mit der roten

Tiefster Winter!

Markierung rechts, sondern weiter zu einer Gabelung. Dem rechten Ast folgen und bald links am Hang hinaus in einen Sattel (Holzlagerplatz, Verbindungsweg zum Eisenstein). Rechts mit der roten Markierung einen Zaun entlang (oder parallel auf weniger steilem Waldweg), Schlussanstieg zum Otto-Kandler-Haus auf dem Hohenstein. 3 Std.

Abstieg:
Wie beim Aufstieg zurück in den Hauserbauerngraben und durch diesen auf der Forststraße talaus (schöne Abschnitte), zuletzt auf Asphalt zur Bundesstraße und rechts in Kürze zurück nach Dickenau. 2 Std.

19 Eisenstein, 1185 m

Neue Wege auf einen beliebten Voralpenklassiker

Der Eisenstein ist ein typisches Beispiel für ein Winterziel, wo eine junge Bewegungsform wie das Schneeschuhwandern bislang vernachlässigte Tourenmöglichkeiten schmackhaft macht. Eine Bergseite, die ein Schattendasein fristet, wird mit einem Mal attraktiv und zum idealen Gelände: Im Auf- und im Abstieg viel Landschaft erleben, sich im Gipfelbereich Schritt für Schritt an der Aussicht satt sehen, sich in der Gipfelhütte genüsslich satt essen. Und im Abstieg ein Schuss Waldgrabenromantik. So sieht ein wirklich gelungener Schneeschuhtag aus!

Route: Brunnrotte–Tal–Loicheck–Eisenstein–Loicheck–unbenn. Graben–Brunnrotte

Charakter und Anforderungen: Ideale Schneeschuhstrecke mit schönen Nah- und Fernblicken und einer heimeligen Gipfelhütte.

Zeit: 4½ Std.

Höhenunterschied: 680 m

Distanz: 10 km

Start und Ziel: Weißenbachtal, Brunnrotte, bescheidene Parkmöglichkeit zwischen 2 Brücken, 560 m

Mit dem Auto: Von St. Pölten (A1) B39 ins Pielachtal, vor Frankenfels Abzweigung nach Schwarzenbach und weiter Richtung Türnitz/Gscheid in das Weißenbachtal. Oder von St. Pölten B20 über Traisen und Türnitz aufs Gscheid und jenseits in das Weißenbachtal.

Orientierung: Wenige markierte Abschnitte, trotzdem insgesamt leicht zu finden.

Karten: ÖK 73, UTM 4205

GPS-Wegpunkte (UTM/WGS 84): Start/Ziel O 530390, N 5310215. Eisenstein O 532890, N 5311950.

Lawinengefahr: Einige Passagen des Abstiegs-Grabens können bei sehr ungünstigen Verhältnissen kritisch sein.

Aussicht: Most-, Wald- und Weinviertel, Türnitzer Alpen, Gutensteiner Alpen, Gippel, Göller, Schneeberg, Rax, Schneealpe, Veitsch, Ötscher, Hochschwab.

Einkehr unterwegs: Julius-Seitner-Hütte auf dem Eisenstein, 1185 m (Sa, So, Ft bew.).

Einkehr danach: Kirchberg an der Pielach: GH Kalteis. Türnitz: Hotel Goldener Löwe.

Aufstieg:

Auf einem Privatweg (evtl. geräumt, verblasste rote Markierung) durch ein nahes Anwesen und nach einem kurzen Waldstück auf eine Lichtung („Tal"). In der Linkskehre die Straße verlassend leicht rechts weiter zu einem sich ausbildenden Graben (Zaun) und über die Wiesen höher. Dann rechts zu einem Waldweg, auf diesem zu einem Bergrücken und in nordöstlicher Richtung zu einer kleinen Lichtung. Links abdriftend am Waldhang gemütlich weiter zu den ersten tollen Aussichtsplätzen (Schneeberg im Rücken, Ötscher zur Linken). Nach einer spitzen Kehre an einem Hütterl vorbei, hinaus auf einen Rücken und mit der roten Markierung kurzer Abstieg zum weiten Wiesensattel am Loicheck. 1¼ Std.

Jenseits wieder zum Wald und auf dem nun steileren, mitunter stärker verwechteten Bergrücken des Kaltenecks mit etwas Mühe höher. Auf ca. 1100 m eine Querung südlich unter dem Kalteneck (unterwegs ein Kreuz) und hinaus auf freie, aussichtsreiche Almflächen. Dort links haltend hinauf zur Julius-Seitner-Hütte auf dem Eisenstein. 1½ Std.

Abstieg:
Zurück zum Loicheck, dort beim Anwesen auf einem Forstweg links und in einer lang gezogenen Querung zu einem Graben, der vom Klaustalberg nach Westen zieht. Vor dem Graben rechts, zunächst durch etwas verwachsenes Gelände, dann auf einem schwach ausgeprägten Weg durch eine stimmungsvolle Waldgrabenlandschaft. Einige Male den Bachlauf überqueren, auf einem besseren Waldweg hinaus zur Landstraße und rechts in Kürze zum Ausgangspunkt. 1¾ Std.

Tipp:

- Klassischer Anstieg auf den Eisenstein von Türnitz: Knedelhof–Ortbauer–Waldweg oder Forststraße–Gipfel. Wird von Skitourengehern bevorzugt.

20 Geißenberg, 1177 m, Mitterkeil, 1248 m

Schmankerln im Pielachtaler Hinterstüberl

In Skitourenführern wird der Geißenberg zu Recht als genussreiche und leichte Voralpentour empfohlen. Für Schneeschuhwanderer bildet er ebenfalls ein überaus lohnendes Tourenziel, wobei nach einem Waldabschnitt vor allem die parkähnlichen Flächen von der Geißenberg-Alm zum Gipfel hin einmalige Hochwintereindrücke vermitteln. Der Übergang zum Mitterkeil steigert noch einmal den Aussichtsgenuss, und der Abstieg lässt sich je nach Können einfach oder um einiges schwieriger gestalten.

Route: Kowald–Geißenberg–Mitterkeil–Kowald

Charakter und Anforderungen: Zum Geißenberg einfacher Aufstieg, dann prächtiger Übergang zum Mitterkeil, dort kurze steilere Anstiege und ein rassiger Abstieg.

Zeit: 4½ Std.

Höhenunterschied: 770 m

Distanz: 11 km

Fantastisch!

Start und Ziel: Gehöft Kowald im hintersten Pielachtal, 580 m

Mit dem Auto: Von St. Pölten (A1) B39 ins Pielachtal, vor Frankenfels Abzweigung nach Schwarzenbach und im hintersten Pielachtal bis zum Kowald, Parkmöglichkeit.

Orientierung: Insgesamt einfach, im Abstieg vom Mitterkeil Aufmerksamkeit erfordernd.

Karten: ÖK 72 und 73, UTM 4204 und 4205

GPS-Wegpunkte (UTM/WGS 84): Start/Ziel O 527235, N 5307420. Geißenberg O 524610, N 5307860. Mitterkeil O 525070, N 5306165.

Lawinengefahr: Bei vernünftiger Spuranlage keine.

Aussicht: Muckenkogel, Reisalpe, Gippel, Göller, Ötscher, Dürrenstein, Schneeberg, Rax, Veitsch, Hochschwab, Totes Gebirge, Wald- und Weinviertel.

Einkehr unterwegs: keine

Einkehr danach: Schwarzenbach an der Pielach: Haslaustuben (Mo, Di, Mi Rt).

Aufstieg:

Hinter dem Hof durch ein Tälchen nach Nordwesten aufwärts und bei einem kleinen Haus links. Jenseits eines Grabens schräg rechts allmählich im Wald aufwärts (wegen Wildfütterung nicht links weiter auf dem Waldweg Richtung Hafnerreit!). Bald

nach einem Graben auf einem Waldweg nach Westen, raus auf eine freie Fläche und zur Geißenberg-Alm, 868 m. 1 Std.

An einem Zaun entlang und über die mit zahlreichen solitären Bäumen „dekorierten", ausgesprochen lieblichen Flächen höher, über einige Kuppen hinweg, zuletzt über den schmäleren Rücken zum nur schwach ausgeprägten Gipfel, prächtige Aussicht nach Westen zum Ötscher. Der höchste, gänzlich bewaldete Punkt befindet sich etwas nördlich bei einem Unterstand. 1 Std.

Übergang zum Mitterkeil:
Über den freien, wunderbar aussichtsreichen Rücken in südlicher Richtung hinüber zum Hinteren Hühnerkogel und kurz steiler auf diesen (verfallene Jagdhütte). Nach links einschwenken in einen Sattel und zunächst sanft, dann etwas links des Waldrückens durch eine markante, steile Schneise auf den Mitterkeil (tolle Aussicht!). 1¼ Std.

Abstieg:
Zurück in den nahen Sattel rechts und im sich allmählich ausbildenden Graben mittelsteil direkt in der Fall-Linie abwärts und kurz sehr steil (Böschung) zu einer Forststraße. Auf dieser kurz links und gleich nach einem weiteren Graben rechts ab in einen Hochwald. Immer am Graben entlang, zuletzt etwas verzwickt zu einem Forstweg und auf diesem gemütlich talaus zurück zum Ausgangspunkt. 1¼ Std.

Tipps und Varianten:

- Gemütlichere Kurztour: Kowald–Geißenberg–Kowald. 600 Hm.
- Gemütlicher Abstieg vom Mitterkeil: Zurück in den nahen Sattel und in allg. östl. Richtung fallende Waldquerung zur Forststraße auf 1080 m. Auf dieser talwärts (Kehren) und bei einer Gabelung gerade weiter. Kurz darauf Kreuzung des sportlichen Originalweges. Weiter zur Herrenweide (Jagdhütte) und gemütlichen Schrittes immer auf der Forststraße hinab in den Talgrund zu Pkt. 597 und die Pielach entlang zurück zum Ausgangspunkt. 1½ Std.

21 Hochstadelberg, 1285 m

Wenig Schweiß und Super-Aussicht

Dieser Berg ist ein typisches Beispiel für die neuen Möglichkeiten, die sich im Winter durch das Schneeschuhwandern auftun. Ein Berg im Abseits, höchstens von einigen Skitourengehern aufgesucht, rückt ins Blickfeld einer alternativen Winteraktivität und erweist sich als ideales Ziel für Einsteiger. Einfaches Gelände, schöne Nadelwaldbestände und eine herrliche Aussicht ergeben eine Mischung, die gerade richtig ist, um auf den Geschmack des Schneeschuhwanderns zu kommen!

Route: Wastl am Wald–Hochstadelberg–Wastl am Wald
Charakter und Anforderungen: Einfache, kurze Tour auf einen hervorragenden Aussichtsberg.

Auf dem Gipfelkamm

Zeit: 2½ Std.

Höhenunterschied: 280 m

Distanz: 5 km

Start und Ziel: GH Wastl am Wald, 1080 m

Mit dem Auto: Von St. Pölten (A1) B 39 durch das Pielachtal oder über Annaberg (B20) zur B28 und nach Wastl am Wald. Parken beim GH Wastl am Wald.

Orientierung: Geübter Umgang mit Karte und Kompass erforderlich.

Karten: ÖK 72, UTM 4204

GPS-Wegpunkte (UTM/WGS 84): Start/Ziel O 522530, N 5305025. Hochstadelberg O 523980, N 5303535.

Lawinengefahr: keine

Aussicht: Schneeberg, Rax, Schneealpe, Veitsch, Mürzsteger Alpen, Türnitzer Alpen, Ötscher, Gemeindealpe, Dürrenstein, Kräuterin, Zellerhüte, Hochschwab, Gesäuse.

Einkehr unterwegs: keine

Einkehr danach: Puchenstuben, Hallerstub'n

Aufstieg:

Auf der Straße nach Osten zur nahen Kehre, mit blauen Markierungen kurzer, kräftiger Anstieg, dann flacher weiter (Blick zur Veitsch und zum Ötscher) und immer am rechten Wald-

Letztes Licht im Hochwald

rand leicht fallend auf eine große Lichtung. Links hinüber zu einer weiteren Lichtung und in südlicher Richtung über einen Schlag, anschließend im Wald aufwärts. Zweimal Forststraßen kreuzen und zuletzt kurz durch dichteren Wald hinaus auf den Gipfelrücken und rechts zum höchsten Punkt. 1½ Std.

Abstieg:
Vom Westgipfel nach Norden entlang der Geländekante, dann bald leicht nach rechts abdriften und durch schönen Wald leicht linkshaltend hinaus auf die große Lichtung. Diese überqueren, auf den Rücken ansteigen und mit der blauen Markierung links zurück zum Ausgangspunkt. 1 Std.

Tipps und Varianten:

- Auf dem Gipfelkamm kurzer Abstecher zum Ostgipfel.
- Kombinationsmöglichkeit mit den Touren 20 (über den Futterkogel zum Mitterkeil) oder 22 (über „Auf dem Eck" zum Hennesteck).

22 Hennesteck, 1334 m

Musterbeispiel einer idealen Schneeschuhtour

Die Annaberger Reidl-Lifte sind allen Skifans aus der näheren und weiteren Umgebung ein Begriff. Das Hennesteck als „Gipfel darüber" ist trotzdem weitgehend unbekannt. Schneeschuhwanderern kann das nur recht sein, denn so können sie eine schöne Rundtour erleben, mit einem idyllischen Start den Tannbach entlang, einem schönen Hochwaldstapfer zum Gipfel, einem panoramareichen Übergang zum Hüttenfeld und einem beschaulichen Ausklang über Wiesenflächen.

Route: Annaberg/Reidl-Lifte–Tannbach–Hennesteck–Hüttenfeld–Karnreit-Hof–Annaberg/Reidl-Lifte

Charakter und Anforderungen: Kompakte Runde mit vielen Highlights, viel Aussicht und ohne besondere technische Anforderungen.

Zeit: 4½ Std.

Höhenunterschied: 530 m

Distanz: 11,5 km

Rast tut gut …

Start und Ziel: Annaberg, 2. Parkplatz Reidl-Lifte, 920 m

Mit dem Bus: Mariazeller Schnellbus ab Wien-Mitte bis Annaberg.

Mit dem Auto: Von St. Pölten (A1) B 20 nach Annaberg.

Orientierung: Teilweise unmarkierte Abschnitte, Orientierungssinn erforderlich.

Karten: ÖK 72 und 73, UTM 4204 und 4205

GPS-Wegpunkte (UTM/WGS 84): Start/Ziel O 527305, N 5302440. Hennesteck O 526880, N 5304420. Hüttenfeld O 525750, N 5303545.

Lawinengefahr: keine

Aussicht: Ötscher, Gemeindealpe, Dürrenstein, Wald- und Weinviertel, Türnitzer Alpen, Gutensteiner Alpen, Schneeberg, Rax, Schneealpe, Gippel, Göller, Veitsch, Hochschwab, Gesäuse.

Einkehr unterwegs: Annahütte, 1290 m

Einkehr danach: Annaberg: GH Meyer

... und dann geht's wieder weiter

Aufstieg:

Vom Parkplatz auf der Fahrstraße in Kürze hinab zur Reidlhütte und an der Talstation der Sessellifte vorbei zu einer nahen Brücke. Vor dieser rechts und am Tannbach entlang, den Möglichkeiten folgend bachaufwärts. Nach einem stimmungsvollen waldigen Grabenabschnitt öffnet sich der Blick und es folgen linkshaltend schöne Wald- und Wiesenflächen. Nach einer Straßenüberquerung ein Waldstück, dann auf der nächsten Wiese, wo sich der Bach verliert, rechts zum Wald abdriften. Dort auf einem Forstweg in östlicher Richtung zu einem weiteren Forstweg und auf diesem links in nördlicher Richtung weiter zum rot markierten Sommerweg (einfacher Zaun). Nur kurz mit der Markierung aufwärts, bis diese wieder links abbiegt, und weiter nach Norden, vorbei an einem Jägerstand. Wo der Hang abflacht, links hinauf auf den Rücken und über eine Lichtung (Windbruchschäden) zur Einmündung des Sommerwegs. Den roten Markierungen folgend im schönen Hochwald aufwärts, über eine lang gestreckte Lichtung hinweg und nach einem weiteren Aufschwung rechts hinaus (Doline) auf den freien Gipfelkamm und aussichtsreich zum höchsten Punkt. 2 Std.

Übergang zum Hütteneck und Abstieg:
Nach Süden hinunter in einen Sattel und den Markierungen folgend am aussichtsreichen, teilweise verwechteten Kamm zur Bergstation des Sessellifts und zur nahen, gemütlichen Annahütte. Danach einem dichten Waldabschnitt (Markierungen beachten) rechts ausweichen, zurück zum Kamm und über das Hüttenfeld, 1257 m, zur Jagdhütte „Auf dem Eck 1, 1225 m über Adria". Bald darauf rechts zu einem Hochstand. Im Wald in nördlicher Richtung genussvoll zu einer Forststraße und links zu einer Kreuzung. Mit der blauen und roten Markierung links weiter Richtung Annaberg, um einen Rücken herum zur Nazbauernalm. Nach kurzem Anstieg lang gezogene Querung durch Wald und über Wiesenflächen zu einem Graben, dort rechts ab und hinaus zum Karnreit-Hof. Über die freien Flächen nach Osten, dann in einen Graben (genau auf Markierungen achten) und jenseits am Waldrand oder auf der Wiese hinunter zu einer Zufahrt. Auf dieser links und gleich wieder rechts, hinunter zum Tannbach, zur Reidlhütte und in Kürze zurück zum Ausgangspunkt. 2½ Std.

Tipps und Varianten:

- Vom Tannbach hinaus zum Waldbauern und mit der roten Markierung über das Weiße Kreuz zum Hennesteck-Anstieg.
- Der direkte Anstieg zum Hennesteck-Nordostrücken die Markierung entlang ist zwar kürzer, aber erheblich steiler und mühsamer.
- Vom Hennesteck-Gipfel Abstieg über den Westrücken, dann nach links zu einem Almboden und nach einem Waldabschnitt am Ende einer Lichtung links wie oben Richtung Annaberg.
- Kombination mit der Tour 21 auf den Hochstadelberg.

23 Großer Kegel, 1291 m

Der fantastische Unbekannte

Schneeschuhwandern bietet bei etwas Gespür fürs Gelände, ausreichend Fantasie und einem Schuss Abenteuerlust die Möglichkeit, neue Bergregionen zu entdecken und für sich zu erschließen. Der Große Kegel ist ein Paradebeispiel für einen Berg, der erst durch das Schneeschuhwandern touristische Bedeutung erlangt hat. Seit einigen Jahren hat er einen festen Rang unter den vielen Schneeschuhwandergipfeln rund um Annaberg und wird zu Recht vor allem von Genießern gerne besucht. Und für Sportliche bildet er den ersten Höhepunkt der Fünfgipfeltour nach Türnitz (siehe Tour 24).

Route: Annaberg/Reidl-Lifte–Tannbach–Weißes Kreuz–Großer Kegel–Waldbauer–Annaberg/Reidl-Lifte

Charakter und Anforderungen: Landschaftlich wunderschöne Tour mit wenig Höhenmetern, aber mit eindeutigem Gipfelanstieg.

Zeit: 3½ Std.

Höhenunterschied: 350 m

Distanz: 10 km

Start und Ziel: Annaberg, 2. Parkplatz Reidl-Lifte, 920 m

Mit dem Bus: Mariazeller Schnellbus ab Wien-Mitte bis Annaberg.

Schnee ohne Ende!

Mit dem Auto: Von St. Pölten (A1) B 20 nach Annaberg.

Orientierung: Teilweise unmarkierte Abschnitte, Orientierungssinn erforderlich.

Karten: ÖK 73, UTM 4205

GPS-Wegpunkte (UTM/WGS 84): Start/Ziel O 527305, N 5302440. Weißes Kreuz O 528180, N 5304925. Großer Kegel O 529560, N 5305450. Waldbauer O 527950, N 5303810.

Lawinengefahr: keine

Aussicht: Ötscher, Gemeindealpe, Dürrenstein, Wald- und Weinviertel, Türnitzer Alpen, Gutensteiner Alpen,

Schneeberg, Rax, Schneealpe, Gippel, Göller, Veitsch, Hochschwab, Gesäuse.

Einkehr unterwegs: keine

Einkehr danach: Annaberg: GH Meyer

Aufstieg:
Vom Parkplatz am Teichstüberl vorbei und am Pistenand in Kürze hinab zur Reidlhütte. Nach der Talstation der Sessellifte zu einer nahen Brücke. Vor dieser rechts und am Tannbach entlang den Möglichkeiten folgend bachaufwärts. Nach einem stimmungsvollen waldigen Grabenabschnitt öffnet sich der Blick und es geht weiter über freie Flächen. In nordöstlicher Richtung eine Straße kreuzend (der Waldbauer bleibt rechts) weiter zum Waldrand und auf der rot markierten Forststraße im Wald zum Weißen Kreuz. Kurz darauf am Beginn einer Lichtung (Wegweiser) schräg rechts weiter und über die Almfläche (unterwegs Haus Kegelbergstraße 1) zum jenseitigen Waldrand. Nach Osten hinauf zum Wald, dort auf der Forststraße nach Süden ansteigend Richtung Schusterstein. Bei einer schönen Lichtung links ab und über den Rücken hinauf in den aussichtsreichen Gipfelbereich des Großen Kegels. 2 Std.

Abstieg:
Über den stumpfen Rücken einige Schritte retour, dann leicht rechts abdriften und in allgemein westlicher Richtung im mittelsteilen Wald am Rand einer freien Fläche genussvoll abrutschen. Auf 1100 m auf einem Waldweg links rausqueren und zurück zur Aufstiegsspur. Über die Almfläche nach Süden durch muldenartiges Gelände und auf 850 m (Hochstand) rechts auf einem Forstweg in den Wald. Den Steinbach kreuzen und Gegenanstieg zurück zur rot markierten Forststraße. Auf dieser zum Waldbauern und der Markierung folgend im Wald und am Rand einer Lichtung zu einer Gabelung auf eine Kuppe „unter Strom“. Rechts kurz dem Babylift folgen, dann am künstlichen Teich vorbei zurück zum Ausgangspunkt. 1½ Std.

24 Über fünf Gipfel von Annaberg nach Türnitz

Voralpen-Haute Route für Konditionsstarke

Zwischen Türnitz und Annaberg befindet sich der tief eingeschnittene, schluchtartige Türnitzgraben, durch den die Bundesstraße die beiden Orte verbindet. Östlich liegt der sommers von Wanderern wie winters von Skitourengehern häufig besuchte Höhenzug vom Tirolerkogel über die Karnerhofspitze zum Eibl. Westlich liegt … Ja, was liegt eigentlich westlich? Auch ein Höhenzug, und zwar der vom Großen Kegel über mehrere benannte und unbenannte Hügel hinweg zum Schwarzenberg. Es kennt ihn praktisch niemand, an Überschreitungen hochinteressierte Schneeschuhwanderer sollten ihn sich aber mal genauer ansehen, sie werden garantiert fasziniert sein von dieser tollen Tour!

Route: Annaberg/Reidl-Lifte–Großer Kegel–Kleiner Kegel–Schoberberg–Hoher Grund–Schwarzenberg–B20 bei Türnitz

Charakter und Anforderungen: Großzügige, absolut einsame und überaus lohnende Überschreitung. Bis auf einige steilere Passagen im Abstieg vom Schwarzenberg keine besonderen technischen Herausforderungen. Guter Orientierungssinn und ausreichend Kondition für längere Spurarbeit sind der Schlüssel zum Erfolg.

Zeit: 6½ Std.

Höhenunterschied: 750 m

Distanz: 15 km

Start: Annaberg, 1. Parkplatz Reidl-Lifte, 920 m

Ziel: B20 bei Türnitz. Retour zum Start per Bus, Taxi oder zweitem Pkw.

Mit dem Bus: Mariazeller Schnellbus ab Wien-Mitte nach Annaberg.

Mit dem Auto: Von St. Pölten (A1) B20 nach Annaberg.

Orientierung: Größtenteils unmarkierte Abschnitte, guter Orientierungssinn erforderlich.

Zwischen Großem und Kleinem Kegel

Karten: ÖK 73, UTM 4205

GPS-Wegpunkte (UTM/WGS 84): Start: O 527305, N 5302440. Weißes Kreuz O 528180, N 5304925. Großer Kegel O 529560, N 5305450. Kleiner Kegel O 529310, N 5306680. Schoberberg O 531345, N 5307510. Hoher Grund O 531220, N 5308280. Schwarzenberg O 532055, N 5308940. Ziel O 534275, N 5308590.

Lawinengefahr: keine

Aussicht: Ötscher, Gemeindealpe, Dürrenstein, Wald- und Weinviertel, Türnitzer Alpen, Gutensteiner Alpen, Schneeberg, Rax, Schneealpe, Gippel, Göller, Veitsch, Hochschwab, Gesäuse.

Einkehr unterwegs: keine

Einkehr danach: Annaberg: GH Meyer, Türnitz: Hotel Goldener Löwe

Aufstieg:

Wie bei Tour 23 auf den Großen Kegel. 2 Std.

Über den lichten Bergrücken nach Norden abwärts. Auf 1200 m links zu einem Forstweg, diesem kurz folgen und rechts ab durch eine bald baumfreie Mulde in einen Sattel. Jenseits den Möglichkeiten folgend leicht links haltend um eine Kuppe und kurzer Übergang nach Nordosten auf den

Kleinen Kegel, 1146 m. Abstieg nach Norden in einen Sattel und rechts zum oberen Rand einer schlanken Lichtung. Nach Osten hinauf auf den nächsten Hügel, danach wieder ein Sattel mit Lichtung. Auf dem Forstweg weiter (rechts Steilwald) und nach einem scharfen Linksknick hinab zu den Lichtungen der Schildböckalm. Nach der nächsten Kuppe deutlicher abwärts bis 1000 m und Gegenanstieg über die freie Fläche auf den im Gipfelbereich waldigen Schoberberg, 1111 m.

Nach Nordwesten sanft abwärts zu einer kreuzenden Forststraße. Jenseits genau der Gemeindegrenze und Bezirksgrenze folgend durch eine Schneise nach Norden weiter, zuletzt leicht rechts haltend auf den Hohen Grund, 1102 m. Die Richtung beibehaltend in Kürze hinaus auf die Türnitzer Böden, idyllischer Übergang zum Gipfelaufbau des Schwarzenbergs und hinauf zum Gipfelkreuz, 1096 m. 3¼ Std.

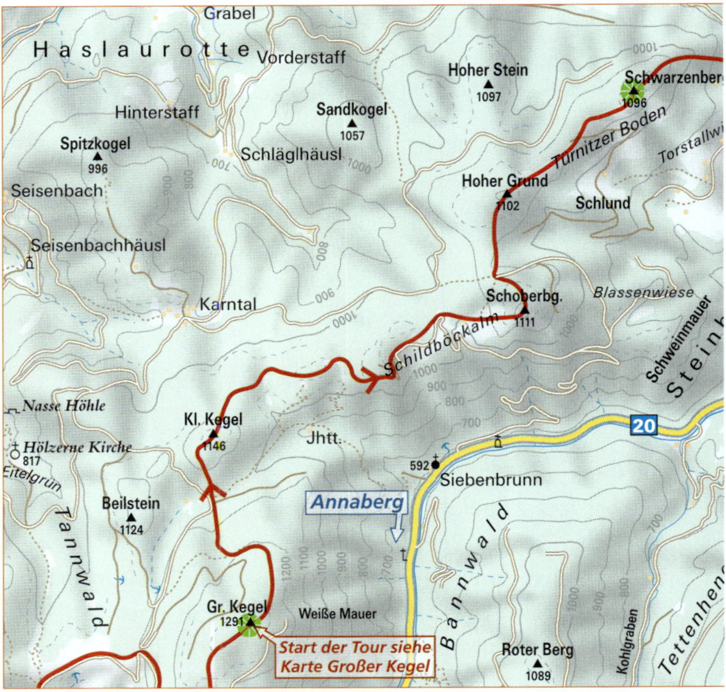

Abstieg:
Weiter in nordöstlicher Richtung zum Waldrand, um einen Felsen herum, dann vom Rücken bald rechts ab und im recht steilen Wald nach Osten hinab zu einer Lichtung, 830 m. Zunächst ohne weiteren Höhenverlust in einem sanften Rechtsbogen um den Rücken, hinab zum Waldrand (Scheune), dann im Wald eine Forststraße kreuzend genau nach Osten hinunter zum Anwesen Hölzel. Über die Wiesen tiefer zu einer Straßengabelung und kurze Gegensteigung auf die Zufahrt zum Glasberg-Hof. Jenseits über die Wiesen hinunter zur Bundesstraße. Hier kann bei der Anreise ein zweiter Pkw abgestellt oder ein Taxi bestellt werden. 1¼ Std.

Tipps und Varianten:

- Ab dem Schoberberg einige Abbruchmöglichkeiten nach Osten über Forststraßen und Wiesen in den Türnitzgraben.

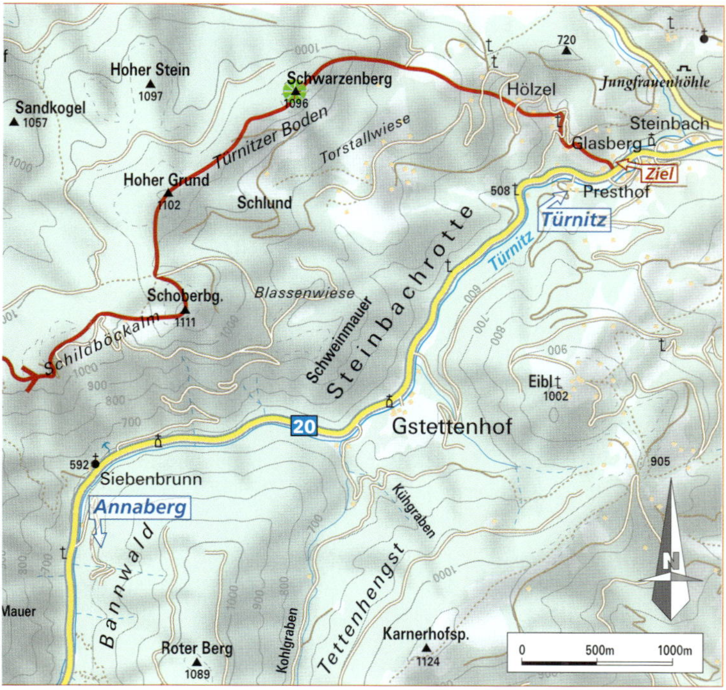

25 Tirolerkogel, 1377 m

Annaberger Hausberg mit Gipfelhütte

Hier gibt's viele Winterbesucher, wenngleich kaum welche aus Tirol! Und ein Schneeschuhklassiker ist der Berg natürlich auch. Großer Bekanntheitsgrad, leichter Anstieg, eine heimelige Gipfelhütte, eine große Aussicht. Für Schneeschuhwanderer gilt es da, etwas Phantasie zu entwickeln, um abseits der Skitouren- und Langlaufspuren Freiraum für neues Tourengelände zu finden – damit jeder auf seine Art auf seine Rechnung kommt. Am Tirolerkogel ist das nicht schwierig, da ist für alle Platz!

Route: Annaberg–Gscheid–Ebenbaueralm–Tirolerkogel–Gscheid–Annaberg

Charakter und Anforderungen: Schöne Runde mit zwei steileren Anstiegen auf ein allseits beliebtes und gern besuchtes Winterziel.

Zeit: 4 Std.

Höhenunterschied: 550 m

Distanz: 7 km

Start und Ziel: Für Busfahrer: Annaberg, 976 m; für Autofahrer: „Tirolerkogel-Parkplatz" östlich kurz vor Annaberg, 970 m.

Mit dem Bus: Mariazeller Schnellbus ab Wien-Mitte bis Annaberg.

Mit dem Auto: Von St. Pölten (A1) B20 nach Annaberg.

Orientierung: Teilweise unmarkierte Abschnitte, etwas Orientierungssinn erforderlich, vor allem bei Nebel im Übergang vom Lindkogel zum Tirolerkogel.

Karten: ÖK 73, UTM 4205

GPS-Wegpunkte (UTM/WGS 84): Start/Ziel O 528600, N 5301905. Lindkogel O 531875, N 5301880. Tirolerkogel O 531500, N 5302340.

Lawinengefahr: Die Forststraße vom Gscheid zum Annaberger Haus ist südöstlich des Ahornbergs in einem steilen, felsdurchsetzten Hangabschnitt lawinengefährdet (nach stärkeren Neuschneefällen und bei Erwärmung und Durchfeuchtung der Schneedecke).

Beim Annaberger Haus

Aussicht: Ötscher, Gemeindealpe, Dürrenstein, Hochschwab, Gesäuse, Tonion, Veitsch, Göller, Gippel, Schneealpe, Schneeberg, Mürzsteger Alpen, Gutensteiner Alpen.

Einkehr unterwegs: Annaberger Haus, 1377 m

Einkehr danach: Annaberg: GH Meyer

Aufstieg:

Von Annaberg ein kurzes Stück auf der Straße Richtung Türnitz zum großen „Tirolerkogel-Parkplatz". Rechts gut beschildert (rote Markierung, Loipe) auf der Forststraße zum Gscheid. Oder von der Kehre 6 der Auffahrt nach Annaberg (nur wenige Parkplätze) über die freien Almflächen der Postalm hinauf zum Gscheid.

Nun nicht links hinauf zum Tirolerkogel, sondern gerade weiter neben der Loipe leicht fallend in den Wald bis zu einer markanten Abzweigung. Wieder gerade weiter nach Osten und ansteigen in einen Sattel, 1070 m, zwischen Törlstein und Ebenbaueralm. 1½ Std.

Links am Rand der Almflächen steilerer Anstieg im Zickzack, zuletzt etwas linkshaltend auf den meist abgeblasenen Gipfelbereich des Lindkogels, 1300 m, Blick zum Annaberger Haus auf dem Tirolerkogel. Kurzer Abstieg nach Norden in eine Senke, jenseits im lichten Wald (Buchenbestände) aufwärts und links (bei Nebel nicht leicht zu finden) zur nahen Gipfelhütte. 1¼ Std.

Abstieg:
In genau westlicher Richtung über den teils abgeblasenen, baumfreien Rücken in einen Sattel vor dem Ahornberg und links durch einen Graben zu einer Forststraße. Auf dieser rechts, die lawinenkritische Stelle passierend, hinunter zum Gscheid und zurück zum Ausgangspunkt. 1¼ Std.

Tipps und Varianten:

- Abstecher zum Törlstein, 1186 m: Vom Sattel südlich der Ebenbaueralm in südlicher Richtung auf einer Forststraße ansteigen und nach rechts zum aussichtsreichen Gipfel. Achtung auf die Felsabstürze nach Westen! Genussvoller Abstieg in nordöstlicher Richtung im Hochwald zur Kehre einer Forststraße und über einen kurzen Hang zurück in den Sattel. ¾ Std., 120 Hm.
- Vom Tirolerkogel in südöstlicher Richtung über die Almflächen zu ihrem Ende und rechts auf der Forststraße weiter zum Gscheid.
- Bei Lawinengefahr südöstlich unter dem Ahornberg kann als „Ausweg" durch den Graben in südlicher Richtung weiter abgestiegen werden zu einer Forststraße, die zum Gscheid führt.
- Vom Gscheid um den Scheiblingberg nach Annaberg.
- Überschreitung Tirolerkogel–Karnerhofspitze–Eibl–Türnitz: Klassische Skitour, auch mit Schneeschuhen sehr lohnend, aber tagesfüllend lang und auch orientierungsmäßig anspruchsvoll.

26 Großer Sulzberg, 1400 m

Der einsame Superlativ der Türnitzer Alpen

Der Große Sulzberg ist der höchste Gipfel der Türnitzer Alpen. Aber er fristet ein Schattendasein: Markierte Wege machen einen großen Bogen um ihn herum. Ist der Große Sulzberg uninteressant? Ohne Aussicht? Ganz im Gegenteil. Doch er liegt etwas abseits, ist nur mit dem Auto erreichbar. Ein Besuch mit Schneeschuhen ist äußerst lohnend, dauert nicht lange, vermittelt schöne Landschaftseindrücke und beschert eine ausgezeichnete Gipfelschau. Also nichts wie hin!

Route: Ulreichsberg–Kleiner Sulzberg–Großer Sulzberg–Ulreichsberg

Charakter und Anforderungen: Mittelschwierige, fast schon klassische Tour mit einigen steileren Abschnitten auf einen einsamen Aussichtsriesen.

Zeit: 4 Std.

Höhenunterschied: 600 m

Distanz: 7,5 km

Start und Ziel: Ulreichsberg, Parkplatz bei der Abzweigung nach Fadental, 870 m.

Mit dem Auto: Von St. Pölten (A1) B20 über Annaberg nach Sägemühle und links nach Ulreichsberg. Oder von St. Pölten B20 nach Freiland und B214 + B21 über St. Aegyd aufs Gscheid und rechts nach Ulreichsberg.

Karten: ÖK 73, UTM 4205

GPS-Wegpunkte (UTM/WGS 84): Start/Ziel O 531265, N 5297895. Kleiner Sulzberg O 529765, N 5297780. Großer Sulzberg O 528700, N 5298435.

Orientierung: Keine Markierungen, Orientierungssinn erforderlich.

Lawinengefahr: Der Graben nördlich des Kleinen Sulzbergs ist bei ungünstigen Verhältnissen mitunter kritisch.

Aussicht: Schneeberg, Rax, Schneealpe, Veitsch, Mürzsteger Alpen, Hochschwab, Gippel, Göller, Wildalpe, Königskogel, Tonion, Zellerhüte, Kräuterin, Gesäuse, Ötscher.

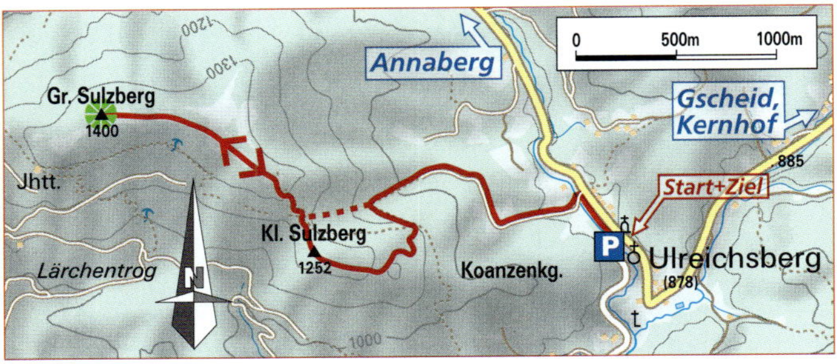

Einkehr unterwegs: keine

Einkehr danach: Annaberg: GH Meyer, Gscheid: Gasthaus am Gscheid und Alpengasthof Gruber, Kernhof: GH Gnedt.

Aufstieg:
Auf der Landstraße mit wenigen Schritten zur Stelle, wo die roten Farben des WWW 06 nach Osten abzweigen. Dort links über den Bach und auf der Forststraße am Rand einer Lichtung ansteigen. Dann nach Norden einschwenken und nach einem Linksbogen nach Westen zum Straßenende. Durch einen lichten Graben höher und auf 1050 Metern Höhe links ab (nicht versäumen!). Ansteigende Querung (im Sommer Steig) zu einem Rücken. Über diesen zunächst steil und mühsam hinauf, dann rechts einlenkend flacher auf den Kleinen Sulzberg (schöne Aussicht zum Göller). Abstieg nach Norden in einen Sattel und jenseits über den zunehmend steilen Rücken höher, dann endlich hinaus auf einen flachen Boden. Allmählich in westliche Richtung einschwenkend über den welligen, anfangs breiten, dann zunehmend schmalen und aussichtsreichen Kamm in idealem Schneeschuhgelände zum Gipfelkreuz. 2½ Std.

Abstieg wie Aufstieg. 1½ Std.

Tipps und Varianten:

- Bei guten Verhältnissen (Pulverschnee, keine Lawinengefahr) vom Sattel nördlich des Kleinen Sulzbergs genussvoller Direktabstieg (Rutschstrecken für Geübte) nach Osten durch den mittelsteilen Graben.

27 Bichleralpe, 1378 m

Drei Gustostückerl im Mariazeller Land

Hier stimmt die Kosten-Nutzen-Rechnung für jeden Geschmack: mit geringem bis mittlerem Aufwand auf einen Gipfel, der eine Aussicht bietet. In aller Ruhe und Einsamkeit. Schneeschuhwandern hat eben viel mit Genießen zu tun. Die Bichleralpe ist prädestiniert für einen Pläsiertag. Jeder der drei Anstiege bietet schöne Waldanstiege, weiß glitzernden Hochwinter-Stimmungsbilder und einen aussichtsreichen Kammabschnitt zum Gipfel hin, wo einem die Welt zu Füßen legt. Da liegst di gern ins weiche Schneebett nieder!

Route 1: Josefsberg–Bichleralpe–Josefsberg

Charakter und Anforderungen: Kurze Tour und eine prächtige Gipfelschau. Die Querung nördlich vom Alpl in den Sattel auf 1100 m kann etwas mühsam sein.

Zeit: 3½ Std.

Höhenunterschied: 370 m

Distanz: 7,5 km

Start und Ziel: Josefsberg, Parkplatz Skilifte, 1020 m

Mit dem Bus: Mariazeller Schnellbus bis Josefsberg.

Mit dem Auto: Von St. Pölten (A1) B20 über Annaberg nach Josefsberg.

Orientierung: Teilweise unmarkierte Abschnitte, Orientierungssinn erforderlich.

Karten: ÖK 72 und 73, UTM 4204 und 4205.

GPS-Wegpunkte (UTM/WGS 84): Start/Ziel O 527305, N 5302440. Bichleralpe O 525235, N 5298235.

Lawinengefahr: Waldquerung der steilen Nordhänge des Alpls kann bei ungünstigen Verhältnissen kritisch sein.

Aussicht: Türnitzer Alpen, Schneeberg, Rax, Gippel, Göller, Schneealpe, Veitsch, Hochschwab, Gesäuse, Gemeindealpe, Ötscher, Ötschergräben, Mariazeller Becken.

Einkehr unterwegs: keine

Einkehr danach: Mitterbach: GH Filzwieser, Annaberg: GH Meyer.

Aufstieg:
Vom hinteren Ende des großen Parkplatzes an der Talstation eines kurzen Schleppliftes vorbei (Ötscherblick) und am Rand der linken Piste aufwärts. Bald mit grünen und roten Markierungen links auf einem Waldweg Richtung Bichleralpe (Schild). Nach der flachen Querung der teils steilen Nordhänge des Alpls hinaus in einen Sattel, 1100 m, wo die roten Markierungen links abzweigen. Weiter kurz mit den grünen Markierungen in den Wald und nach einem ebenen Abschnitt links ab in eine schmale Schneise. Ansteigend vorbei an einem Hochstand und im Hochwald (links dichter Fichtenbestand) in östlicher Richtung zu einer Forststraße. Auf dieser in zwei Kehren gemütlich höher und ca. 500 m weiter zu einem Rücken. Scharf rechts und weglos über den zunehmend lichten und aussichtsreichen Rücken dahin, dann nach Süden einschwenken und im Slalom zwischen den Tannen zum Gipfel. 2 Std.

Abstieg: wie Aufstieg. 1½ Std.

Route 2: Koteau–Bichleralpe–Koteau

Charakter und Anforderungen: Kurze Tour und eine prächtige Gipfelschau.

Zeit: 3½ Std.

Höhenunterschied: 500 m

Distanz: 7 km

Start und Ziel: Koteau, 880 m

Mit dem Auto: Von St. Pölten (A1) B20 über Annaberg nach Sägemühle, links Richtung Ulreichsberg und nach 1 km in Schmelz rechts nach Koteau (Wanderwegweiser). Am Straßenende bescheidene Parkmöglichkeit (Anrainer fragen!), oder in Schmelz bei der Abzweigung parken.

Orientierung: Teilweise unmarkierte Abschnitte, Orientierungssinn erforderlich.

Karten: ÖK 73, UTM 4205

GPS-Wegpunkte (UTM/WGS 84): Start/Ziel O 526800, N 5300645. Bichleralpe O 525235, N 5298235.

Letzte Sonne hinter dem Gesäuse

Lawinengefahr: Höchstens bei sehr ungünstigen Verhältnissen im Waldgraben nach Pkt 1066.

Aussicht: siehe Route 1

Einkehr unterwegs: keine

Einkehr danach: Annaberg: GH Meyer

Aufstieg:

Auf der Forststraße talein (Wegweiser) in angenehmer Steigung zur Lichtung Am Sabel, schöner Ötscherblick. Weiter auf der Forststraße westlich unter dem Hocheck hinüber zum Pkt. 1066 am Beginn einer Lichtung, Kreuzung mehrerer Wege. Rechts ab und nach Südwesten ansteigend zu einem Graben. Dort die Forststraße verlassen und direkt durch den Graben (oder gemütlicher, aber länger, in Kehren auf der Forststraße) zu einer Kehre. Gerade weiter, bald darauf links abdriften und am Rand einer freien Fläche hinauf auf die Anhöhe und rechts Übergang zum Gipfel. 2 Std.

Abstieg: wie Aufstieg. 1½ Std.

Route 3: Fadental–Bichleralpe–Fadental

Charakter und Anforderungen: Kurze Tour und eine prächtige Gipfelschau.

Zeit: 3½ Std.

Höhenunterschied: 480 m

Distanz: 6,5 km

Start und Ziel: Fadental, ehem. GH Labenbacher, Parkplätze, 899 m

Mit dem Auto: Von St. Pölten (A1) B20 über Annaberg nach Sägemühle, links auf verwinkelter Strecke nach Ulreichsberg, dort rechts (Schild) ins Fadental. Oder von St. Pölten B20 nach Freiland und B214 + B21 über St. Aegyd aufs Gscheid, rechts nach Ulreichsberg und links (Schild) ins Fadental.

Orientierung: Teilweise unmarkierte Abschnitte, Orientierungssinn erforderlich.

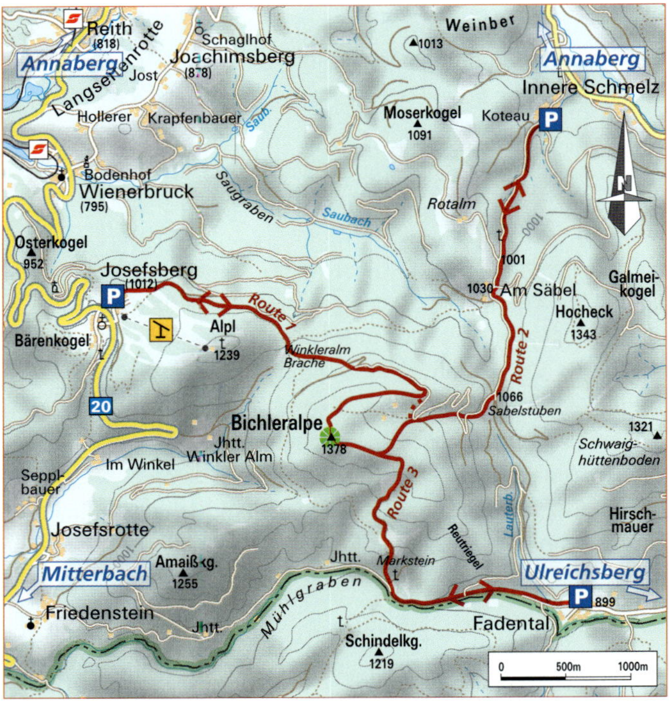

Am Sabel

Karten: ÖK 73, UTM 4205

GPS-Wegpunkte (UTM/WGS 84): Start/Ziel O 527340, N 5296965. Bichleralpe O 525235, N 5298235.

Lawinengefahr: Bei vernünftiger Spuranlage keine.

Aussicht: siehe Route 1

Einkehr unterwegs: keine

Einkehr danach: Annaberg: GH Meyer, Gscheid: Gasthaus am Gscheid und Alpengasthof Gruber, Kernhof: GH Gnedt.

Aufstieg:
Die Straße kurz weiter und eine Loipe entlang immer nach Westen in ein Waldtal (rote Markierung). Dort bald ohne Loipe weiter zum unteren Rand einer Lichtung. Auf der Straße ein kurzer Anstieg und nach einem Rechtsbogen (Felsen) zu einer Gabelung, 1050 m. Nach Norden auf einem Waldweg höher, zwischendurch eine Lichtung. Auf der nächsten Lichtung verliert sich der Weg. Steiler aufwärts auf die Anhöhe und linkshaltend Übergang zum Gipfel. 2 Std.

Abstieg: wie Aufstieg. 1½ Std.
Oder wie bei Route 2 zurück zu Pkt. 1066 und nach Süden auf der Forststraße (Loipe) durch das Tal des Lauterbaches zurück zum Ausgangspunkt.

28 Schwarzkogel, 1365 m

Gustostückerl abseits des Schneeschuhwander-Mainstreams

An sich befindet sich die Gegend rund um das Fadental und die Walstern im Winter fest in der Hand der Langläufer. Aber auch die Schneeschuhwanderer haben sich hier einige sehr schöne und interessante Betätigungsmöglichkeiten erschlossen. Dazu gehört auch der wirklich einsame Schwarzkogel, der von einem idealen Ausgangspunkt ausgehend auf einer großartigen Rundtour bestiegen werden kann.

Route: Wuchtelwirtin–Krumbach–Rosskopf–Schwarzkogel–Sandiggraben–Wuchtelwirtin

Charakter und Anforderungen: Mittellange Zweigipfeltour mit einigen Höhenmetern, die sich u. a. durch die vielen kleinen Wellen summieren.

Zeit: 5 Std.

Höhenunterschied: 750 m

Distanz: 11 km

Start und Ziel: Wuchtelwirtin, Parkplätze, 834 m

Mit dem Auto: Von St. Pölten (A1) B20 über Annaberg nach Sägemühle und links nach Ulreichsberg. Rechts abzweigen zum Hubertussee und 4 km auf geräumter Straße zur Wuchtelwirtin. Oder von St. Pölten B20 nach Freiland und B214 + B21 über St. Aegyd aufs Gscheid, rechts nach Ulreichsberg und weiter wie oben.

Orientierung: Praktisch gänzlich unmarkierte Strecke, Orientierungssinn daher erforderlich, wenngleich keine echten Knackpunkte auf der Strecke lauern.

Karten: ÖK 73, UTM 4205, 4211

GPS-Wegpunkte (UTM/WGS 84): Start/Ziel O 529005, N 5295465. Rosskopf O 531185, N 5293200. Schwarzkogel O 530090, N 5292470.

Lawinengefahr: keine

Aussicht: Ötscher, Gemeindealpe, Dürrenstein, Wald- und Weinviertel, Türnitzer Alpen, Gutensteiner Alpen, Mürzsteger Alpen, Schneeberg, Rax, Schneealpe, Gippel,

Zwischen Rosskopf und Schwarzkogel

Göller, Veitsch, Zellerhüte, Kräuterin, Hochschwab, Gesäuse.

Einkehr unterwegs: keine

Einkehr danach: Wuchtelwirtin

Aufstieg:

Von der Wuchtelwirtin auf der Straße zurück, vorbei an der Abzweigung ins Fadental. Bald darauf nach einem Forsthaus eine Gabelung, dort gerade weiter (Schranken). An der Einmündung des Bodinggrabens vorbei, dann an einem Baum eine Markierung und kurz darauf auf einer Lichtung rechts ab in einen sich allmählich ausbildenden Graben. Bei einer ersten sanften Gabel im rechten Ast in den dichteren Wald. Eine Forststraße kreuzen, dann bald linkshaltend raus auf einen anfangs welligen Rücken in südlicher Richtung. Von einer Kuppe, 1030 m, weiter steiler durch eine Schneise auf eine Kuppe, 1120 m. Im Übergang zum Rosskopf erste schöne Ausblicke, und nach einem einfachen Jägerstand über den zunächst etwas verwachsenen Rücken zum aussichtsreichen Gipfel mit Blick auch zum Schwarzkogel. 2½ Std.

Vom Rosskopf, 1280 m, nach Südwesten weiter über den Rücken, unterwegs an einer Felsformation rechts entlang, dann weiter über eine Kuppe in einen Sattel, 1170 m, markanter

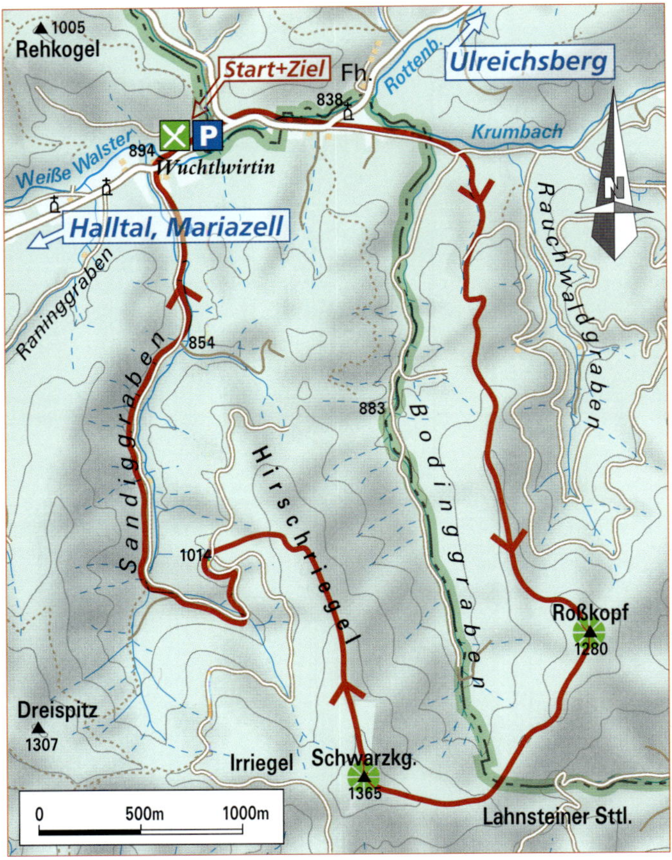

quer liegender Stamm. Über den zunächst steileren und daher etwas mühsamen Waldrücken höher, dann gemütlicher über den lichteren Rücken auf den Schwarzkogel. 1 Std.

Abstieg:

Direkt nach Norden genussvoll dem Hirschriegel folgend. Eine Forststraße kreuzen, dann weiter, bis der Rücken dicht verwachsen ist und daher ein Weiterkommen zu mühsam erscheint. Dort scharf links hinaus zu einem lichten Wald, diesen steil hinab über einen Rücken zur Forststraße, Pkt. 1014. Auf dieser links über Kehren hinunter in den Sandiggraben und flach talaus (evtl. gespurte Loipe) zur Wuchtelwirtin. 1½ Std.

29 Hochbärneck, 1090 m

Genau das Richtige für Anfänger!

Ein kleines, familienfreundliches Skigebiet mit zwei Schleppliften, einem Spielplatz und einer einfachen Almgastwirtschaft in grandioser Lage vis à vis dem Ötscher! Ruhe und Erholung werden am Hochbärneck groß geschrieben, Kinder und Anfänger können hier unbeschwert ihre ersten Schwünge ziehen. Für Schneeschuhwanderer ist die Umgebung ideal. Sanfte, kurze Anstiege auf Forstwegen über Wiesen und durch Wälder zu vielen schönen Aussichtsplätzen ermöglichen einen unbeschwerten Einstieg ins Schneeschuhvergnügen.

Route: Parkplatz–unbenannter Aussichtsgipfel, ca. 1090 m–Almhaus Hochbärneck–Parkplatz

Charakter und Anforderungen: Einfache Runde ohne jegliche Schwierigkeiten auf Forstwegen zu einem schönen Aussichtspunkt.

Zeit: 2½ Std.

Höhenunterschied: 200 m

Distanz: 5,5 km

Start und Ziel: Parkplatz Hochbärneck, 940 m

Mit dem Auto: Von Ybbs (A1) B25 über Scheibbs nach Neubruck, weiter B28 Richtung Mariazell und nach 3 km rechts ab zum Almhaus Hochbärneck (Bergstraße, im Winter mautfrei, Ketten mitnehmen!).

Orientierung: Großteils unmarkierte, aber leicht zu findende Wege.

Karten: ÖK 72, UTM 4204

GPS-Wegpunkte (UTM/WGS 84): Start/Ziel O 514685, N 5308030. Kuppe, 1095 m, O 516425, N 5308400. Almhaus Hochbärneck O 515455, N 5307690.

Lawinengefahr: keine

Aussicht: Ötscher, Dürrenstein, Brandmauer, Gr. Priel, Mostviertler Alpenvorland, Schneealpe, Veitsch, Tonion.

Einkehr unterwegs: Almhaus Hochbärneck, 915 m (Mo Rt, außer bei Liftbetrieb).

Wellenreiten …

Route:

Vom Parkplatz in nordöstlicher Richtung auf einen Rücken (schöner Ötscher-Blick) und über Wald- und Wiesenfläche (knorrige alte Bäume) auf eine große Lichtung nördlich der Kuppe Pkt. 1055 (mit Skilift). Weiter mit der roten Markierung zum Waldrand, dort auf einem Forstweg rechts und bald links ab auf eine leicht felsige Kuppe, 1095 m, mit schöner Rundschau. 1 Std.

Etwas links der Aufstiegsspur zurück zum Forstweg und auf diesem sanft abwärts. In der dritten Kehre mündet von links ein rot markierter Wanderweg ein. Auf diesem eben hinüber zum Almhaus Hochbärneck (Einkehr) und rechts oberhalb der Zufahrt auf einem Weg zurück zum Parkplatz. 1½ Std.

Tipps und Varianten:

- Abstecher vom Almhaus Hochbärneck zur nahen Aussichtswarte, 954 m. Vorsicht bei Schnee und Vereisung.
- Ausweitung der Tour am Turmkogel, 1130 m, vorbei zum Winterbacher Ötscher, 1090 m, und wieder retour.
- Im Abstieg zum Almhaus Hochbärneck Graben-Abkürzer möglich.

Rax- & Schneeberg-Gruppe, Semmering, Wechsel, Stuhleck

Schneeberg und Rax, die beiden Parade-Berge am östlichen Alpenrand, dürfen natürlich in diesem Buch nicht fehlen. Aber was ist da los? Keine Schneeschuhtour auf Kaiserstein und Klosterwappen, und auf die Heukuppe nur eine Variante? So ist das eben. Erzwingen kann man's nicht. Der Schneeberg-Gipfelbereich ist für Schneeschuhwanderer ehrlich gesagt zu weit entfernt und außerdem nicht ideal, weil meist abgeblasen. Das Raxplateau ist zum Schneeschuhwandern ideal (siehe die zahlreichen Varianten auf der Hochfläche), die Heukuppe als Tagesziel von der Seilbahn-Bergstation aber sehr weit entfernt. Und der kürzere Aufstieg über den Schlangenweg ist nicht wirklich empfehlenswert, auch wenn ihn schon manch einer in Angriff genommen hat.

So viel zu den beiden Großen. Im Verborgenen blühen daneben die heißen Tipps, die demonstrativ aufzeigen, dass Schneeschuhwandern im Winter neue Möglichkeiten eröffnet und sich so neue Bergregionen erschließen lassen.

Weitere empfehlenswerte Touren:

Pinkenkogel, 1292 m, und Ochnerhöhe, 1403 m

Aufstieg von Semmering-Ort zum bewirtschafteten Schutzhaus auf dem Pinkenkogel (Mo, Di, Mi Rt) und sehr schöne Höhenwanderung über den waldigen Bergkamm zur Ochnerhöhe. Auf derselben Strecke retour.

Große Scheibe, 1473 m, und Tratenkogel, 1565 m

Zwei interessante Gipfelziele im Höhenzug zwischen Semmering und Mürzzuschlag, ideal im Rahmen einer Überschreitung kombinierbar, wobei allerdings nach der Tour der Transfer zurück zum Start (Preiner Gscheid) gelöst werden muss.

Grabnergupf, 1553 m

Lohnender Aussichtspunkt auf der Westseite der Rax. Aufstieg aus dem hintersten Altenbergertal zum Nasskam, dann Übergang zur Gamseckerhütte (eine steile Hangquerung im Wald mitunter heikel!). Weiter steil in einen Sattel, 1490 m, und nach Westen über den steilen Gipfelrücken (Vorsicht!) zum höchsten Punkt. Abstieg wie Aufstieg.

30 Kuhschneeberg, 1550 m

Großes Abenteuer vor der Haustür!

Des Schneebergs bergtouristisches Dornröschen ist ein Geheimtipp für ambitionierte Schneeschuhwanderer. Das nadelwaldreiche, mit einzelnen Lichtungen durchsetzte Hochplateau bietet nichts Spektakuläres und hat daher keine besondere Anziehungskraft für Anhänger traditioneller Wintersportarten. Für Schneeschuhfans ist das Gebiet aber wie geschaffen. In leichtem Auf und Ab unbeschwert herumstapfen und die Umgebung genießen. Hinaustreten an den Waldrand und eine Aussicht antreffen, die bislang kaum jemand zu würdigen wusste. Das ist es!

Route: Klostertaler Gscheid–Trenkwiese–Schwarzkogel–Kuhschneeberg-Runde–Fadenweg–Edelweißhütte–Putzkapelle–Klostertaler Gscheid

Charakter und Anforderungen: Lange und abwechslungsreiche Runde mit einigen steileren Abschnitten und Querungen.

Zeit: 6¾ Std.

Höhenunterschied: 900 m

Auf dem Kuhschneeberg

Distanz: 15,5 km

Start und Ziel: Klostertaler Gscheid, Parkmöglichkeit bei einem Holzlagerplatz kurz nach der Passhöhe, 764 m.

Mit dem Auto: Von Wien A2 bis Wöllersdorf, B21 nach Gutenstein und weiter auf das Klostertaler Gscheid.

Orientierung: Vor allem auf dem Kuhschneeberg-Plateau sehr guter Orientierungssinn erforderlich.

Karten: ÖK 1:25 000 Schneeberg & Rax, ÖK 74, UTM 4206, 4212

GPS-Wegpunkte (UTM/WGS 84): Start/Ziel O 559700, N 5295485. Schwarzkogel O 559103, N 5292731. Edelweißhütte O 561050, N 5293487.

Lawinengefahr: Achtung bei der nordseitigen Querung unterhalb der Fadenwände.

Aussicht: Türnitzer Höger, Eisenstein, Tirolerkogel, Obersberg, Ötscher, Gippel, Göller, Schneealpe, Rax, Stuhleck, Schneeberg.

Einkehr unterwegs: Edelweißhütte, 1235 m (Mo Rt)

Einkehr danach: Gutenstein: Gutensteinerhof (Fr Rt)

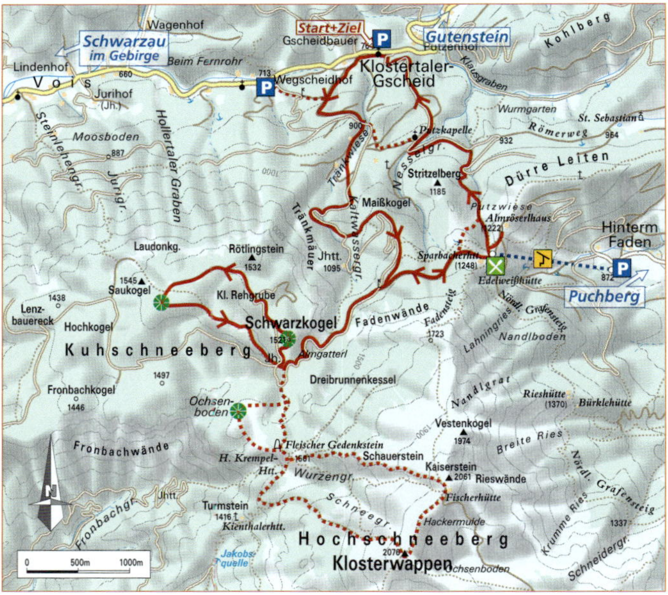

Auf dem Schwarzkogel

Aufstieg:
Auf der Straße wenige Schritte zurück zu einer verfallenen Holzhütte und rechts zu einer Weggabelung. Auf dem rechten Ast in eine Senke und auf einer Forststraße Beginn des Anstiegs. Bald von rechts Einmündung eines rot markierten Wegs, auf diesem weiter und nach einer Engstelle hinaus auf die Tränkwiese (Blick zum Schneeberg, zu den Abstürzen der Fadenwände und des Kuhschneebergs). In südlicher Richtung – ab hier unmarkiert – über die Wiese, dann im Wald auf einem Forstweg in Kehren zum Maißkogel und über den Rücken zur Einmündung des von der Edelweißhütte kommenden, gelb markierten Fadenwegs (meist von Skitourengehern gespurt). 1½ Std.
Unter den Fadenwänden Querung auf dem teils stark verwehten Forstweg zum „Almgatterl“. Dann flacher weiter über den Boden nach Süden. Auf 1450 m rechs steil hinauf durch Wald zu einer Jagdhütte und nach Norden auf den nahen Schwarzkogel, 1521 m. 1 Std.

Kuhschneeberg-Runde:
Vom Schwarzkogel auf dem Rücken nach Norden in einen nahen Sattel und linkshaltend durch lichten Wald zu einem Forstweg. Auf diesem nach Norden bis zu einer Rechtskehre,

dort gerade in nordwestlicher Richtung in Kürze auf einen Riegel und hinaus auf eine große Lichtung mit zentralem Hochstand. Am linken Waldrand entlang, leicht ansteigen auf einen weiteren Boden, in westlicher Richtung in eine Senke, am rechten Rand einer gelichteten Fläche aufwärts und über eine Kuppe (1550 m) zu einer Lichtung (Kreuzung einer grünen Markierung). Linkshaltend durch ein kurzes Waldstück an den Rand der Hochfläche zu einem fantastischen Aussichtsplatz. In östlicher Richtung eine Waldkuppe überschreiten und in den grün markierten Weg einschwenken, in einen Sattel, dann eine rechteckige Lichtung überqueren und leicht abwärts auf eine weitere Lichtung. Leicht rechtshaltend auf einen Riegel und allmählich linker Hand hinüber zur Jagdhütte, wo sich die Kuhschneeberg-Runde schließt. 1½ Std.

Abstieg:

Zurück auf den Fadenweg und mit der gelben Markierung Querung zur Edelweißhütte am Fadensattel. 1¼ Std.

Mit der roten Markierung nach Norden in einen sich ausbildenden Graben, dann im Wald je nach Verhältnissen eine teils unangenehme, weil verblasene, verwechtete bzw. vereiste Querung, dann zurück in den Grabengrund (Forststraße). Durch den ab hier lichten Graben weiter zu einer weiteren Forststraße, und auf dieser links zur Putzkapelle jenseits des Nesselgrabens. Bei der Kapelle nicht links, sondern gerade dem unmarkierten Forstweg folgen. Unterwegs von links Einmündung eines Waldwegs, kurz danach Gabelung bei einer Rodungsfläche. Auf dem linken Ast weiter, in zwei Kehren hinunter zur Straße und zurück zum Ausgangspunkt. 1½ Std.

Tipps und Varianten:

- Start beim Wegscheidhof, Parkmöglichkeit, Beginn der roten Markierung.
- Im Übergang zur Edelweißhütte über einen Wiesenrücken und einen steileren Hang direkter Abstieg in den Graben.
- Übergang von der Putzkapelle zur Tränkwiese.

Blick zum Hoyosgraben

- Kürzere Variante, auch mit Öffis realisierbar: Bahn über Wr. Neustadt nach Puchberg, Bus nach Losenheim, Sessellift zum Fadensattel. Edelweißhütte–Fadenweg–Kuhschneeberg–retour.
- Ochsenboden-Runde: Von der Kehre auf 1450 m (Abzweigung zum Schwarzkogel) den Skitourenspuren folgend (gelbe Markierung) nach Süden Richtung Heinrich-Krempel-Hütte. Nach 500 m rechts genau nach Westen kurzer Anstieg auf die große, weite Schneefläche (Pkt. 1522 und 1521). Über diese nach Belieben in einem weiten Linksbogen zu den Fronbachwänden (Vorsicht: riesige Wechten nach Süden!) und an diesen entlang zum Fleischer-Gedenkstein. Nach Südosten kurzer Anstieg zur Heinrich-Krempel-Hütte der Bergrettung (Wochenenddienst, Blick Richtung Schneeberg-Gipfel und zu Wurzen- und Schneegraben).
- Schneeberg-Gipfeltour: Lang, anstrengend und sehr aussichtsreich. Von der Heinrich-Krempel-Hütte nach Norden auf die Ausläufer des Schauerstein-Rückens und immer diesem nach Osten folgen (grüne Markierung, anfangs Latschen, dann auf ca. 1900 m an den Schneelöchern vorbei, Vorsicht bei Nebel!) auf den Gipfel des Kaisersteins. Wenige Schritte südlich des Gipfels die Fischerhütte (offener Winterraum).

31 Hoher Hengst, 1450 m

Dem Schneeberg so nah!

Jeder, der den Schneeberg kennt, hat auch schon den Hohen Hengst gesehen. Doch kaum jemand wird ihn besucht haben. Schuld ist der Schneeberg, der übermächtige Nachbar. Aber auch der Hohe Hengst hat seine Qualitäten: große Einsamkeit, reizvolle Streckenführung und tolle Ausblicke. Die Mühen des Anstiegs fallen da gar nicht ins Gewicht, ein wunderbarer Tag in reizvoller Umgebung wiegt alles auf. Im Abstieg durch das schattige Hengsttal kriecht einem die Kälte bis in die Knochen, in Puchberg kann man endlich die Auftauphase einleiten.

Route: Puchberg–Kleiner Sattel–Großer Sattel–Hoher Hengst–Hengsthütte–Puchberg.

Charakter und Anforderungen: Längere Runde mit großem Höhenunterschied und einigen Steilstufen. Im Abstieg ab der Zahnradbahntrasse einfaches Gelände.

Zeit: 5¾ Std.

Höhenunterschied: 900 m

Distanz: 15 km

Start und Ziel: Bf Puchberg am Schneeberg, 575 m

Mit der Bahn: Von Wr. Neustadt nach Puchberg.

Mit dem Auto: Von Wien A2 bis Wr. Neustadt-West, B26 nach Puchberg.

Orientierung: Im Aufstieg großteils unmarkiert über einen Rücken, im Abstieg einfach.

Karten: ÖK 1:25 000 Schneeberg & Rax, ÖK 75, UTM 4212

GPS-Wegpunkte (UTM/WGS 84): Start/Ziel O 568230, N 5293384. Hoher Hengst O 564850, N 5289590.

Lawinengefahr: keine

Aussicht: Wiener Becken, Hohe Wand, Dürre Wand, Unterberg, Reisalpe, Schneeberg, Rax, Stuhleck, Wechsel, Krummbachstein, Bucklige Welt.

Einkehr unterwegs: Hengsthütte, 1012 m (Sa, So bew.)

Einkehr danach: Gastronomie in Puchberg

Der Schneeberg so nah!

Aufstieg:

Vom Bahnhof durch die Bahnstraße rechts, dann wieder rechts Richtung Losenheim und links ab in die Muthendorfer Straße. Vorbei am GH Schmirl und bei einer Gabelung am Ortsrand rechts. Auf dem Hinteren Hengstweg vorbei an einer Andacht, dann links zu einem Haus und dahinter im Wald steil in den Kleinen Sattel. Die blaue Markierung nach Süden verfolgen, bis sie links abbiegt. Gerade in ansteigender Waldquerung zu einer Forststraße und auf dieser rechts zu einem Eck. Über den Bergrücken zu einer weiteren Forststraße. Etwas links des Rückens auf einem Karrenweg höher, zu einer Forststraße und rechts hinaus zu einer Kehre auf ca. 1120 Meter Höhe. Auf der Forststraße weiter und wieder raus zum Rücken. Unter Felsen weglos auf den anfangs verwachsenen Kamm und auf die Kuppe Pkt. 1314. 2¾ Std. Kurzer Abstieg in den Großen Sattel. Auf einer Forststraße links des Rückens höher, dann wieder zum Rücken hinauf und gemütlich über freie, aussichtsreiche Böden zum Gipfelbereich des Hohen Hengstes. ¾ Std.

Abstieg:

Auf der Lichtung nach Süden und am rechten Rand eines Schlags steiler Abstieg zur Trasse der Zahnradbahn und auf dieser links zur Hengsthütte. ¾ Std.

Rechts der Trasse auf blau markiertem Weg nach Puchberg: Zuerst in den Hauslitzsattel, dann in das kalte Hengsttal und über die Almflächen talaus (Haus Nr. 25). Vor der Bahn rechts ab durch die Schwertwiesengasse, dann auf dem Kirchenweg zur Kirche, dort links, runter zur Wr. Neustädter Straße und durch die Bahngasse zurück zum Bahnhof. 1½ Std.

Tipps und Varianten:

- Direkter Abstieg vom Hohen Hengst in den Kaltwassersattel (alpin und anspruchsvoll): Über den Rücken bzw. etwas rechts davon durch teils verwachsenes Gelände zu Felsrinnen und -abbrüchen. Vom Rücken links etwas tiefer zu einem Wandl und an seinem linken Rand steil im Wald an den Fuß des Felsens (Schneeschuhe besser abschnallen!). Unter der Wand rechts und links einschwenkend durch einen sich ausbildenden Graben zum nahen Adolf-Kögler-Haus im Kaltwassersattel. Weiterer entlang der Zahnradbahntrasse.
- Vom Großen Sattel führt eine Forststraße in mehreren Kehren zur Hengsthütte hinunter.

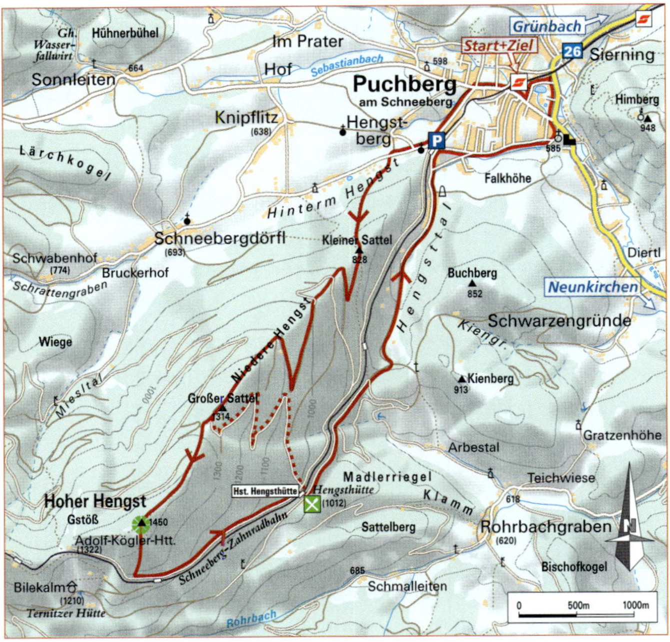

32 Eng und Bodenwiese

Ein fantastisches Erlebnis, einmal ohne Gipfel

Eine Tour der Superlative. Nicht leicht, nicht gerade kurz, aber für trainierte Schneeschuhgeher genau das Richtige. Landschaftlich sensationell, mal wild und anspruchsvoll in der Felsenwelt der Eng, mal beschaulich auf der kilometerlangen Bodenwiese. Für Unersättliche gibt's dann doch noch eine Gipfeloption mit kuriosem Namen und großer Aussicht. Und wenn alles passt, wird bei Pulverschnee der Abstieg zum krönenden Abschluss.

Route: Bf Payerbach-Reichenau–Schneedörfl–Eng–Lackabodengraben–Bürschhof–Bodenwiese–Waldburganger-Hütte–Bf Payerbach-Reichenau

Charakter und Anforderungen: Lange und abwechslungsreiche Runde mit einigen anspruchsvollen Abschnitten. Landschaftlich einmalig!

Zeit: 6 Std.

Höhenunterschied: 800 m

Distanz: 15 km

Start und Ziel: Bf Payerbach-Reichenau, 490 m

Zwischen den Felsen geht's durch!

Mit der Bahn: Südbahn über Wr. Neustadt nach Bf Payerbach-Reichenau.

Mit dem Auto: Von Wien A2 + S6 nach Gloggnitz und B27 nach Payerbach.

Karten: ÖK 1:25 000 Schneeberg & Rax, ÖK 105, UTM 4212

GPS-Wegpunkte (UTM/WGS 84): Start/Ziel O 564802, N 5282844. Lackabodenhütte O 564492, N 5287380. Bürschhof O 566152, N 5287931. Waldburgangerhütte O 566154, N 5284585.

Lawinengefahr: Die Eng darf nur bei sicheren Verhältnissen begangen werden.

Aussicht: Rax, Schneeberg, Kampalpe, Mürzsteger Alpen, Wechsel, Stuhleck, Dürre Wand, Hohe Wand, Wienerwald.

Einkehr unterwegs: Erst sehr spät im GH Hochberger, 687 m (Sa, So, Ft bew.).

Einkehr danach: Payerbach: Payerbacher Hof

Route:

Das Bahnhofsgelände entlang nach Westen (Richtung Semmering), unter der Bahn durch und bald links auf einem meist gespurten Gehweg steil zu einer Straße. Im Schneedörfl den roten Markierungen folgend vorbei an einigen historischen Villen, bei einer Gabelung rechts und zu einem alten Jagdhaus (schöner Rax-Blick). Weiter auf dem Waldweg, dann auf einem Steig zu den eindrucksvollen Felswänden. Auf dem Mariensteig über einen kurzen, mit Handlauf gesicherten Abschnitt. Bei viel Schnee besser abschnallen und die Stelle zu Fuß überwinden. Dann im Schluchtgrund der eindrucksvollen Felsenwildnis zur Abzweigung zum Hallerhaus. In nördlicher Richtung weiter in den rot markierten Lackabodengraben, bei einer ersten deutlichen Grabenteilung links, dann nach einem schönen Waldabschnitt bei einer auffallenden Schneise rechts weiter. Der obere Abschnitt des Lackabodengrabens ist abschnittsweise forstlich bearbeitet, das Gelände wird sanfter und im Wald taucht nach einer Forststraße die Lackabodenhütte auf. Nur kurz den blauen, dann wieder den roten Markierungen folgend durch sanftes Waldgelände zur idyllischen Lichtung mit dem Bürschhof (Schneeberg-Blick). 3½ Std. Vom südlichen Rand der Lichtung bei einer nahen Gabelung auf dem rechten Ast (blaue Markierung) in einen Sattel, jenseits hinab zur Bodenwiese und über die „unendliche" Schneefläche zur Geländekante bei der Waldburganger-Hütte (etwas östlich die Schöberl-Warte, steiler Aufgang!). Westlich der Hütte an bezeichneter Stelle (Achtung Verwehungen!) links steil hinab zu einer Forststraße und auf dieser (nicht den Markierungen folgen!) rechts eben hinüber zu einem Eck (Rax-Blick, Jägerstand). Auf einem schwach ausgepräg-

Auf der Bodenwiese

ten Wegerl links ab, bald Einmündung in den blau markierten Abstieg und auf diesem weiter in einen Sattel (Abstecher zur Jubiläumsaussicht). Genussvoller weiterer Abstieg auf schmalen Waldwegen zum Hochberger und mit roter Markierung (nochmals schöne Einzelstellen) zur Siedlung Werning. Unter der Bahn durch und rechts auf dem Fußweg zum Bahnhof. 2½ Std.

Tipps und Varianten:

- Bei der Lackabodenhütte auf der Forststraße aussichtsreiche südseitige Runde um eine Kuppe herum.
- Nach der Lackabodenhütte Möglichkeit einer Abkürzung zur Bodenwiese.
- Abstecher zum Saurüssel: Von der Bodenwiese vor seinem südlichen Ende rechts abdriften zum Waldrand, hinauf zu einer Forststraße, in Kehren höher und auf die auf dieser Seite baumfreie und daher aussichtsreiche Gipfelkuppe. Nach Süden an die Geländekante (schöne Ausblicke), linkshaltend hinunter in einen Sattel, mit der gelben Markierung über eine Kuppe und hinunter zur Waldburganger-Hütte. Mehraufwand ca. 1¼ Std., 250 Hm.
- Jubiläumsaussicht: Lohnender, kurzer, markierter Abstecher zu einer Aussichtsplattform.
- Vom Hochberger bzw. in Werning zwei Alternativen zur Rückkehr zum Bahnhof.
- Abstecher zum Haller-Haus: Nach der Eng links mit der gelben Markierung durch den Mitterberggraben.
- Krummbachstein, 1602 m: Vom Haller-Haus mühsam und steil über einen teils felsigen Rücken. Besser von Osten vom Alpleck, 1270 m. Als Tagestour von Payerbach sehr lang, nur etwas kürzer von Osten von Rohrbach im Graben!

33 Rax, 1547–2007 m

Schneeschuh-Schlaraffenland mit Aufzug!

Die Rax ist ein Schneeschuhparadies. Mit der Seilbahn tausend Meter hinauf und je nach Lust und Laune kürzer oder länger auf dem Hochplateau herumstapfen und die Landschaft genießen. Touren- und auch Einkehrmöglichkeiten gibt's genug.
Allerdings sind Wind und Wetter, wenn sie es nicht gut meinen, ernste Widersacher, mit denen nicht zu spaßen ist. Bei Sonnenschein und Pulverschnee bietet die Rax aber genau das, was Schneeschuhwandern zur großen Freude macht.

Route: Seilbahn-Bergstation–Ottohaus–Preiner Wand–Seehütte–Dreimarkstein–Seehütte–Seilbahn-Bergstation

Charakter und Anforderungen: Aussichtsreiche Hochflächenwanderung ohne technische Schwierigkeiten. Sehr witterungsabhängig. Unzählige individuelle Variationsmöglichkeiten.

Zeit: 5½ Std.

Höhenunterschied: 600 m

Distanz: 13,5 km

Übergang zum Otto-Schutzhaus

Start und Ziel: Bergstation Rax-Seilbahn, 1547 m. Erste Fahrt 8:30, letzte Fahrt 17:00. Dazwischen halbstündlich bzw. nach Bedarf.

Mit Bahn und Bus: Südbahn über Wr. Neustadt zum Bf Payerbach-Reichenau, Bus nach Hirschwang zur Talstation der Rax-Seilbahn.

Mit dem Auto: Von Wien A2 + S6 nach Gloggnitz, B27 nach Hirschwang zur Talstation der Rax-Seilbahn.

Orientierung: Durchwegs markierte Wege, bei Nebel rasch kritisch, wenn die Markierungen vom Schnee verdeckt sind. Guter Orientierungssinn für einige Varianten unerlässlich.

Karten: ÖK 1:25 000 Schneeberg & Rax, ÖK 104, UTM 4212

GPS-Wegpunkte (UTM/WGS 84): Start/Ziel O 560305, N 5284965. Otto-Haus O 557157, N 5284727. Seehütte O 554610, N 5283569. Dreimarkstein O 553682, N 5284170. Seilbahn-Bergstation O 558361, N 5285150.

Lawinengefahr: keine

Aussicht: Schneeberg, Schneealpe, Veitsch, Hochschwab, Sonnwendstein, Hochwechsel, Stuhleck, Mürztal, Gesäuse, Totes Gebirge, Dachstein, Ötscher, Türnitzer Alpen, Gutensteiner Alpen, Wienerwald, Bucklige Welt, Neusiedler See.

Einkehr unterwegs: GH Bergstation, 1547 m (bei Seilbahnbetrieb bew.); Otto-Haus, 1642 m (bei Schönwetter an WE bew.); Seehütte, 1643 m (bei Schönwetter an WE bew.), Karl-Ludwig-Haus, 1804 m (bew. im Winter an Wochenenden bei Schönwetter. Tel. 02665/380, 0676/4613883).

Einkehr danach: Payerbach: Payerbacher Hof

Route:

Auf meist vom Ratrac gespurtem Weg Richtung Otto-Haus, die Schlepplifttrasse kreuzend ansteigende Querung zum Gatterl-Kreuz und den Stangenmarkierungen folgend ebener Übergang nach Südwesten zum Otto-Haus. Achtung bei Nebel auf die überwechtete große Senke östlich der Hütte. ¾ Std.

Aufstieg zur Scheibwaldhöhe

Vom Otto-Haus direkter Anstieg über einen markanten Schneestreifen zum Jakobskogel und meist die Geländekante entlang aussichtsreicher Übergang über die Hohe Kanzel und den Weißkogel zum großen Gipfelkreuz auf der Preiner Wand. Abstieg in nordwestlicher Richtung am Rand der Latschenfelder, nach einer kurzen Gegensteigung runter zu Stangen und diesen links folgend zur Seehütte. 1½ Std.
Längerer Anstieg in westlicher Richtung in den weiten Trinksteinsattel und nördlich über den abgeblasenen Rücken auf den nahen Dreimarkstein. 1 Std.
Zurück zur Seehütte und auf dem mit Stangen markierten Weg („Seeweg") durch die Latschenfelder des Grünschachers zurück zum Otto-Haus und weiter zur Bergstation. 2¼ Std.

Tipps und Varianten:

- Von der Bergstation kurze Runde Kaiserbrunn-Aussicht–Gatterl-Kreuz–Bergstation.
- Von der Bergstation in westlicher Richtung direkt über eine bewaldete Kuppe zum Praterstern.
- Vom Gatterl-Kreuz bzw. vom Praterstern Übergang zur Höllental-Aussicht.

- Übergang vom Otto-Haus bzw. von der Höllental-Aussicht via Dirnbacher Hütte zum Klobentörl. Mitunter Schneebrettgefahr im steilen und zuletzt leicht felsigen Anstieg (Seilgeländer) ins Klobentörl!
- Vom Klobentörl zum Edelweißkogel (lohnende Aussicht).
- Vom Klobentörl auf die Scheibwaldhöhe und weiter über den Dreimarkstein in den Trinksteinsattel.
- Runde Dreimarkstein–Waxriegel–Scheibwaldhöhe–Dreimarkstein.

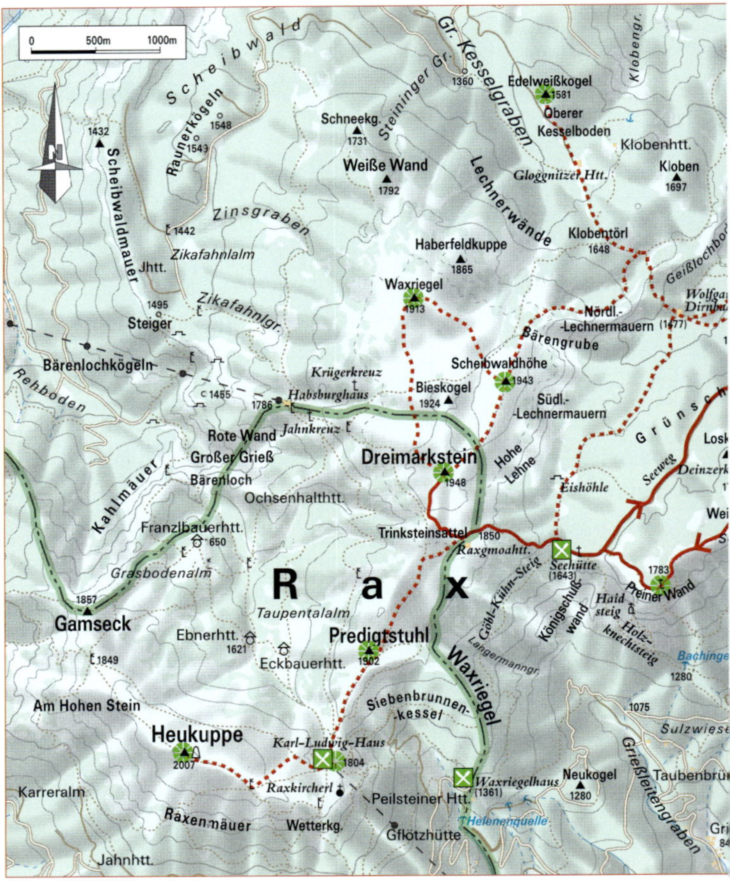

- Vom Trinksteinsattel über den Predigtstuhl zum Karl-Ludwig-Haus und weiter auf die Heukuppe. Als Tagestour sehr lang. Besser im Karl-Ludwig-Haus übernachten!
- Anstieg vom Preiner Gscheid auf dem Schlangenweg zum Karl-Ludwig-Haus: Klassische Skitour, aber kein ideales Schneeschuhwandergelände. Lawinengefahr beachten!

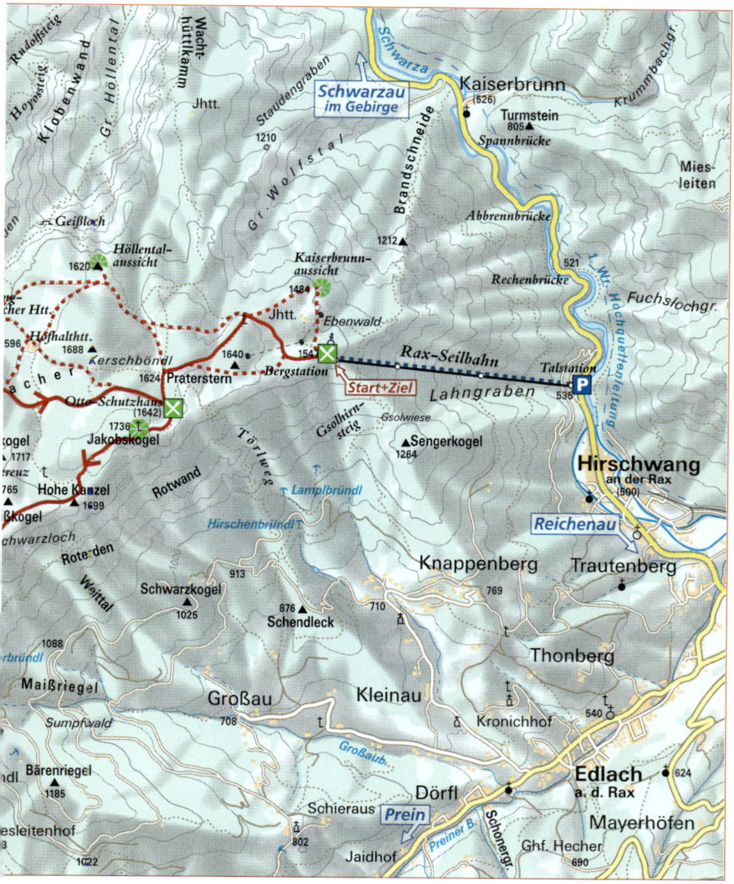

34 Kampalpe, 1535 m

Ganz einfach tadellos!

Zwischen Spital am Semmering und Prein an der Rax verläuft in Ost-West-Richtung ein Höhenzug, als dessen bekanntester Gipfel – neben dem hüttenbesetzten Pinkenkogel – sich die Kampalpe erhebt. Hoch ist sie, Aussicht bietet sie, und für Schneeschuhwanderer ist sie wie geschaffen. Wälder und Almflächen prägen die unmittelbare Umgebung, Rax und Schneeberg die Aussicht. Und nach der Tour ist die Auswahl an empfehlenswerten Einkehrmöglichkeiten so groß, dass man allein deshalb gerne wiederkommt.

Route: Pkt. 916–Stiegerinhütte–Kampalpe–Windmantel–Stiegerinhütte–Pkt. 916

Charakter und Anforderungen: Schöne, waldreiche Tour mit einem kurzen steilen, aber unschwierigen Abschnitt nach der Stiegerinhütte und schöner Gipfelaussicht.

Zeit: 4½ Std.

Höhenunterschied: 720 m

Distanz: 11 km

Start und Ziel: Pkt. 916 an der Straße aufs Preiner Gscheid, bescheidene Parkmöglichkeit

Mit Bahn und Bus: Südbahn bis Bf Payerbach-Reichenau, Bus nach Prein/Rax (siehe Varianten).

Mit dem Auto: Von Wien A2 + S6 nach Gloggnitz, B27 nach Reichenau/Rax. Weiter auf der Straße zum Preiner Gscheid bis zur Kehre Pkt. 916.

Orientierung: Großteils unmarkierte und teilweise auch weglose Abschnitte, Orientierungssinn erforderlich, vor allem im Bereich des Windmantels.

Karten: ÖK 104, UTM 4212

GPS-Wegpunkte (UTM/WGS 84): Start/Ziel O 556134, N 5279511. Kampalpe O 555775, N 5275745.

Lawinengefahr: keine

Aussicht: Schneeberg, Rax, Schneealpe, Veitsch, Hochschwab, Sonnwendstein, Hochwechsel, Stuhleck, Mürztal.

Einkehr unterwegs: keine

Einkehr danach: Prein: GH Oberer Eggl, GH Kaiserhof, GH Preinerhof (Kräuterwirt). Payerbach: Payerbacher Hof

Aufstieg:

Auf einer leicht fallenden Zufahrt (Schranken) zum „Steinmetzhof", rechts auf einem Weg durch ein Gatter, über ein Bacherl und zu einer Gabelung. Auf dem rechten Ast (Gatter) im Wald ansteigend zu einer Forststraße. Mit den blauen und gelben Markierungen weiter zu einer nahen Gabelung (rechts Höhle, nicht lohnend) und mit Gelb weiter Richtung Thalhof. Im Gießgraben zur Stiegerin-Jagdhütte und genau nach

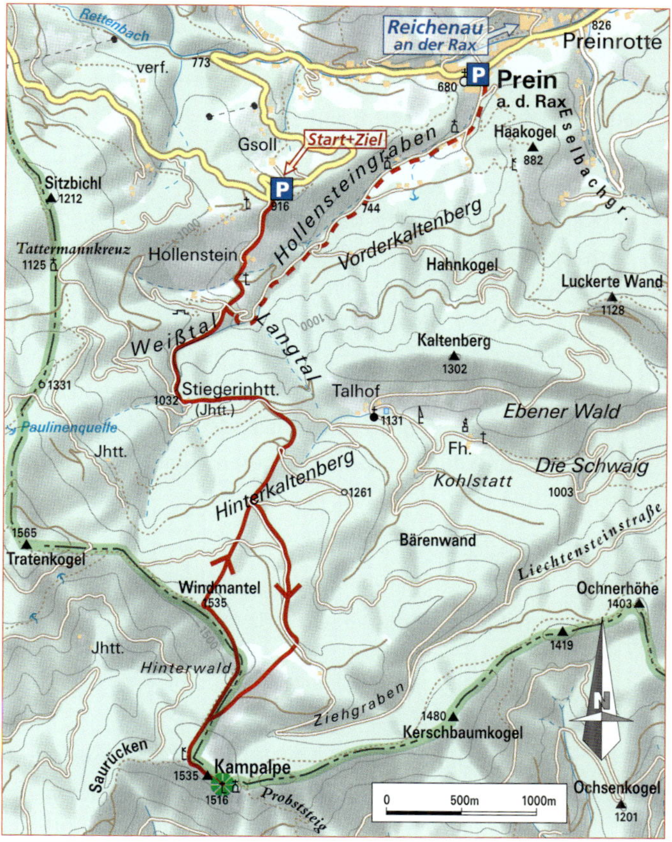

Osten unter den plattigen Felsen durch den steilen Graben in einen Sattel. Die Forststraße kreuzen und auf einem nicht markierten Karrenweg auf den Rücken des Hinterkaltenbergs und zu einer Forststraße. Diese wieder kreuzen und weglos im schönen, flacheren Hochwald zu einer Kehre auf ca. 1330 Metern Höhe. Auf der Forststraße gemütlich weiter (unterwegs schöner Schneeberg-Blick) und nach einem Gatter auf eine Almfläche mit Hütte. Bald danach bei einer Gabelung rechts flach weiter, nach einem Waldabschnitt über eine Weide und am jenseitigen Waldrand (rote Markierungen) links hinauf zum höchsten Punkt der Kampalpe. 2½ Std.

Abstieg:
Mit der roten Markierung zurück Richtung Drahtekogel (oder Tratenkogel) und Mürzzuschlag und am Waldrand zunächst leicht fallend die Schneeschuhspuren entlang, dann auf eine Kuppe und leicht links hinüber zum ungegliederten Gipfelbereich des Windmantels. Die Abzweigung für den Abstieg befindet sich nach einem ersten vermeintlichen Gipfelpunkt. Von diesem ganz leicht abwärts zu einem abgestorbenen Baum mit Markierung (alter Grenzstein). Dort rechts, vorbei an einem weiteren abgestorbenen Baum und in einer schwach ausgeprägten Schneise, die nordnordöstliche Richtung immer beibehaltend (Schneebergblick genau im Vordergrund), zu einer Forststraße. Weiter in gewohnter Gehrichtung durch gelichtetes Gelände zu einer weiteren Forststraße und den Schneeschuhspuren folgend zurück zum Ausgangspunkt. 2 Std.

Tipps und Varianten:

- Für Bahn-/Busreisende: Von Prein/Rax durch den Hollensteingraben zur Gabelung vor der Höhle und weiter wie oben Richtung Thalhof. Mehraufwand hin und zurück: 220 Hm, 4 km, 1¼ Std.
- Das „Gipfelkreuz" der Kampalpe steht auf vom höchsten Punkt aus sichtbarer Stelle mit Blick auf Spital/Semmering.
- Beim Abstieg vom Windmantel im Zweifelsfall eher rechts halten, damit man wieder auf die Aufstiegsspur trifft.

35 Stuhleck, 1782 m

Am schönsten mit Gipfelnacht!

Endlos durch die Wälder streifen, an den Aussichtsplätzen das Ziel immer vor Augen, aber noch lange nicht greifbar nah. Diese Tour hat nahezu Expeditionscharakter: Geduld (die muss man mitbringen) und gute Laune (die ergibt sich von selbst) sind angesagt. Übernachten natürlich ganz oben in der Gipfelhütte, hoffentlich bei Schönwetter mit prächtigem Sonnenuntergang. Nachts träumen oder verträumte Blicke schweifen lassen über das Lichtermeer, am Himmel und auf Erden. Morgens ein belebender Sonnenaufgang. Dann die große Belohnung: der Panorama-Übergang zur Pretul und der beschauliche Abstieg nach Hönigsberg.

Route: Semmering–Hirschenkogel (Gondelbahn)–Erzkogel–Fröschnitzsattel–Pfaffensattel–Stuhleck/Alois-Günther-Haus (Nächtigung)–Pretul–Roseggerhaus–Ganzalm–Hönigsberg

Charakter und Anforderungen: Technisch einfache, wald- und aussichtsreiche Überschreitung. Sehr schön und ganz schön lang! Abschnitt Pfaffensattel–Stuhleck–Pretul sehr wind- und wetterexponiert, mitunter abschnittsweise sogar schneefrei abgeblasen. Achtung: Der erste Tag kann bei viel Neuschnee extrem kraftraubend sein.

Zeit: 1. Tag 8 Std., 2. Tag 5 Std.

Höhenunterschied: 1. Tag 1000 m, 2. Tag 200 m.

Distanz: 1. Tag 16 km, 2. Tag 15 km.

Start: Bf Semmering, 895 m

Ziel: Hst. Hönigsberg, 650 m

Mit der Bahn: Südbahn über Wr. Neustadt nach Semmering.

Mit dem Auto: Von Wien A2 + S6 nach Semmering. Retour mit dem Zug von Hönigsberg nach Semmering.

Orientierung: Großteils markierte Wege und Forststraßen. Guter Orientierungssinn erforderlich. Der Abschnitt Pfaffensattel–Stuhleck–Pretul ist bei Nebel kritisch.

Karten: ÖK 104, 105, UTM 4212, 4217, 4218

GPS-Wegpunkte (UTM/WGS 84): Start O 562380, N 5276595. Ziel O 548590, N 5270225. Alois-Günther-Haus O 559460, N 5269280. Roseggerhaus O 555665, N 5266115.

Lawinengefahr: keine.

Aussicht: Schneeberg, Rax, Schneealpe, Veitsch, Hochschwab, Sonnwendstein, Hochwechsel, Mürztal, Bucklige Welt, Hohe Wand, Mürzsteger Alpen, Hochlantsch, Niedere Tauern, Grazer Bergland.

Einkehr unterwegs: Liechtensteinhütte, 1320 m (offen bei Skibetrieb), GH Pfaffensattel, 1372 m, Alois-Günther-Haus, 1782 m (im Winter durchgehend bew.), Roseggerhaus, 1586 m (gj bew.), Ganzalmhütte, 1389 m (1.12.–31.03. bew.), Jausenstation Granitzbauer, 720 m (Do, Fr ab 14:00, Sa, So ab 10:00).

Route:

1. Tag: Vom Bahnhof auf der Zufahrt zur Bundesstraße, diese kreuzen, auf einem geräumten Fußweg zur Passhöhe, links

Das war mühsam!

zur Talstation der Gondelbahn und Auffahrt auf den Hirschenkogel (erste Fahrt um 8:30). 1 Std.
Von der Bergstation auf der Piste links um den Gipfel des Hirschenkogels herum in einen Sattel und den grünen Markierungen folgend in den Wald. Auf 1380 m die Markierung nach links verlassen und hinauf auf den Rücken (Verfolgen der Markierung gefährlich wegen oft mächtiger Wechten unter dem Dürrriegel-Kamm). Über den teils abgeblasenen Rücken bis kurz vor den Erzkogel, an geeigneter Stelle (Achtung Wechten) rechts ab und am Pistenrand in einen Sattel. 1½ Std.
Den roten Markierungen folgend (evtl. gespurte Wechsel-Panoramaloipe) um den Alpkogel herum, über den Rücken in südlicher Richtung, an der Alpkogelhütte vorbei zu einer Forststraße (Loipe). Die Poirhöhe überschreiten, in einem Sattel unter einer Starkstromleitung hindurch und über die Fanklbauerhöhe in den Fröschnitzsattel. 2½ Std.
Bei einer nahen Gabelung auf dem rechten, unmarkierten Ast zunächst längerer Anstieg, dann ebene Querung (Aussicht!) unter dem Harterkogel bis zum Ende der Forststraße. Weglos links um eine Kuppe, leicht steigende Waldquerung, dann wieder rechts hinunter zu einer Forststraße (auf Karte ach-

ten!). Auf dieser um den Großen und Kleinen Pfaff herum und nach einem Sattel (Bildstock) in den Pfaffensattel. 1½ Std.

Am besten zunächst die nicht geräumte Mautstraße benutzen, nach der ersten großen Kehre bald links und den roten Markierungen folgend durch zunehmend lichten Wald im Zickzack höher. Hinaus auf den Rücken und aussichtsreicher Übergang zum nahen Alois-Günther-Haus auf dem höchsten Punkt. 1½ Std.

2. Tag: Vom Gipfelkreuz in südwestlicher Richtung auf dem breiten Rücken den Zaun entlang (Achtung: links Wechten!) zur Abzweigung der Skiabfahrt nach Rettenegg. Immer den roten Markierungen und dem Zaun folgend sanft ansteigen auf den Schwarzriegel, dann linkshaltend (rechts Windräder) auf das Grazer Stuhleck und weiter über die sanften Kuppen zur bereits von weitem sichtbaren Peter-Bergner-Warte auf der Pretul. Kurzer Abstieg an Markierungsstangen entlang zum Roseggerhaus. 1¾ Std.

Ebene Querung einer Weidefläche in westlicher Richtung und im Wald auf einer Forststraße zu einer großen Scheune. Bald danach auf eine Rodungsfläche (nicht links abdriften), wieder in den Wald und mit der roten Markierung zur Einmündung des von der Amundsenhöhe kommenden Steigs. Auf dem Rücken hinunter zur Ganzalm. 1 Std.

In nordwestlicher Richtung zum Wald und in einem weiten Linksbogen einen Zaun entlang (rechter Hand Aufforstung) zur Einmündung in eine Forststraße bei Pkt. 1224. Auf der Straße hinunter in einen Sattel vor den Bärenkogel (Parkplatz). Am Waldrand rechts, am Kogelbauer vorbei, am Ende der Schneefläche wieder in den Wald und auf einem Karrenweg zu einer Forststraße. Querung, unterwegs an einer Felsformation vorbei, und nach einem Linksbogen zu einer Zufahrt. Auf den Weideflächen (oder auf der Straße) zum Kranzlbauer und links Abstieg zur Jausenstation Granitzbauer. In Kürze zur Autobahn, unter ihr durch, in der Schulgasse zur Bundesstraße und zur nahen Bahnhaltestelle (20 Min. von der Jausenstation). 2¼ Std.

Durchschlupf zwischen den Wechten

Tipps und Varianten:

- Lange Tagestour: Spital/Semmering (Bahnhof)–Hocheck-Rücken–Alois-Günther-Haus (rote Markierung)–retour.
- Kurze Tagestour für Pkw-Fahrer: Aufstieg vom Pfaffensattel (für die Auffahrt Ketten mitnehmen) zum Alois-Günther-Haus und retour.
- Längere Tagestour für Pkw-Fahrer: Aufstieg vom Feistritzsattel (für die Auffahrt Ketten mitnehmen) über den Harterkogel zum Pfaffensattel und weiter zum Alois-Günther-Haus und retour.
- Am 2. Tag: Schwarzriegel–Bettelbauer–Schöneben–Mürzzuschlag
- Am 2. Tag: Geiereck–Poldlbauer–Mürzzuschlag
- Von der Pretul oder vom Roseggerhaus Überschreitung der Amundsenhöhe.

36 Hochwechsel, 1743 m

Hochgefühl am Alpenrand!

Hoch hinaus – wenn die Kondi passt. Was dieser Tour an technischer Schwierigkeit fehlt, kompensiert sie durch ihre Länge. Und auch sonst hat sie's in sich. Vor allem, wenn der Wind das Kälteempfinden verschärft und kein Platz zum Aufwärmen in Sicht ist. Selbst im Wetterkoglerhaus auf dem Gipfel wartet im Winter leider keine warme Stube.

Das Publikum ist gemischt: Langläufer im Wald, Wanderer über der Baumgrenze. Der Wechsel ist eben untypisch: Je höher, desto schneeärmer. Auf den windausgesetzten, aussichtsreichen Rücken hat es der Schnee nicht leicht. Für eine außergewöhnliche Schneeschuhwanderung wird's aber reichen!

Route: Mariensee–Kampsteiner Schwaig–Arabichl–Hochwechsel–Marienseer Schwaig–Mariensee

Charakter und Anforderungen: Technisch einfache, aber lange Runde mit großem Höhenunterschied. Mehrere Abkürzungsmöglichkeiten. Der Abschnitt Arabichl–Hochwechsel ist Wind und Wetter extrem ausgesetzt.

Zeit: 8 Std.

Höhenunterschied: 1100 m

Distanz: 17,5 km

Start und Ziel: Mariensee, Bushalt „GH Kreuzriegel", 830 m

Mit dem Auto: Von Wien A2 bis Abfahrt Edlitz-Aspang und über Aspang-Markt nach Mariensee.

Orientierung: Durchwegs markierte Wege. Der Höhenrücken ist bei Nebel kritisch (den Weidezäunen folgen!).

Karten: ÖK 105, UTM 4218

GPS-Wegpunkte (UTM/WGS 84): Start/Ziel O 573470, N 5265565. Arabichl O 568725, N 5268235. Hochwechsel O 568805, N 5264520.

Lawinengefahr: keine

Aussicht: Wienerwald, Wiener Becken, Hohe Wand, Schneeberg, Rax, Eisenerzer Alpen, Hochschwab, Veitsch, Schneealpe, Ötscher, Dürrenstein, Schöckl, Stuhleck, Bucklige Welt, Leithagebirge, oststeirisch-burgenländisches Hügelland, Grazer Bergland, Niedere Tauern, Neusiedler See.

Einkehr unterwegs: Kampsteiner Schwaig, 1400 m (Mi, Do Rt).

Einkehr danach: Aspangberg/Inneraigen: GH „Zur Grünen Wiese" (Mo Rt)

Aufstieg:

Vom Bushalt auf einer Zufahrt mit grüner Markierung Richtung Kampsteiner Schwaig, dann weiter auf dem Güterweg Prenner, gleich nach einem gelben Haus links zum Wald und in einem Graben zu einem verfallenen Blockhaus. Rechts in Kürze hinaus zum Leitenbauer (Wechselblick), auf der Zufahrt zu einer Straße, bald wieder rechts, schräg ansteigend zu einem weiteren Hof und zu einem Dreiwetterkreuz am Waldrand. Nach der Kreuzung einer Forststraße zu einem Trafohäuschen und durch stimmungsvollen Nadelwald genau nach Norden zur Kampsteiner Schwaig. 2 Std.

Auf dem Hochwechsel

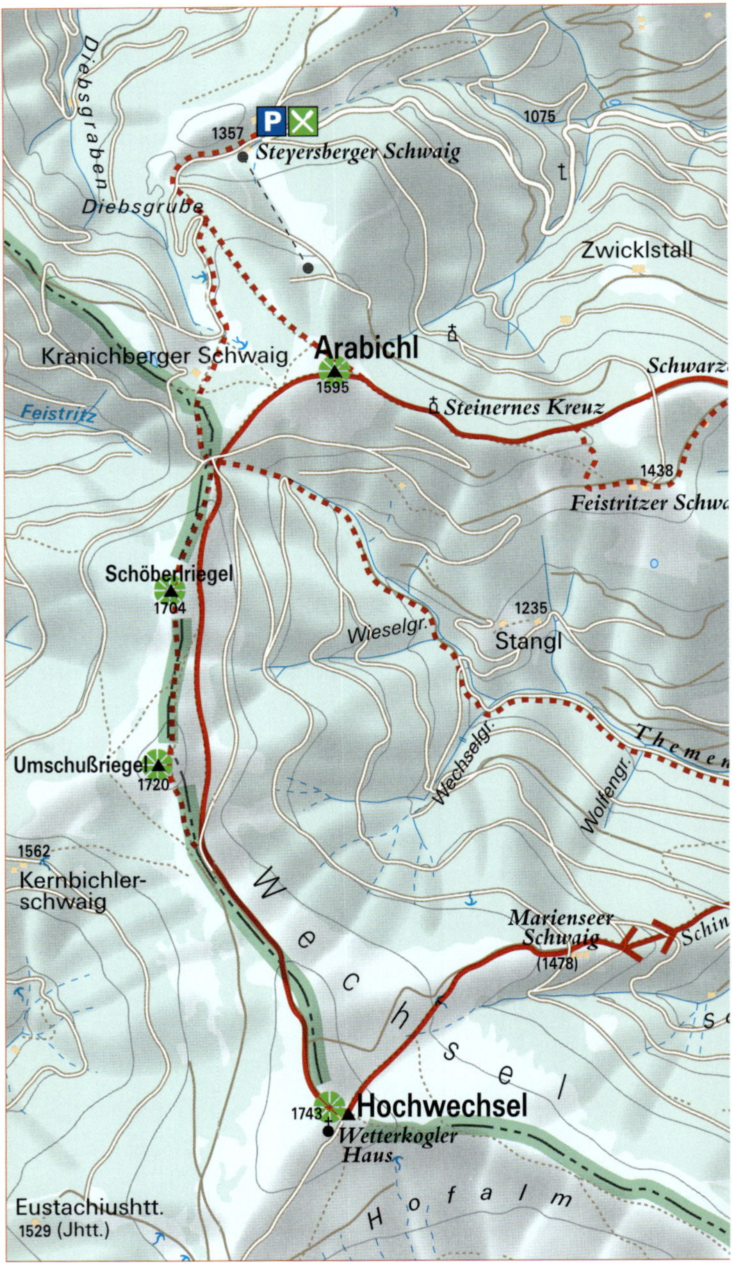
Diebsgraben
1357
Steyersberger Schwaig
1075
Diebsgrube
Zwicklstall
Kranichberger Schwaig
Arabichl
1595
Schwarz
Feistritz
Steinernes Kreuz
1438
Feistritzer Schw
Schöberlriegel
1704
1235
Wieselgr.
Stangl
Wechselgr.
Themen
Umschußriegel
1720
Wolfengr.
1562
Kernbichler-
schwaig
Wechsel
Marienseer
Schwaig
(1478)
Schin
1743
Hochwechsel
Wetterkogler
Haus
Hofalm
Eustachiushtt.
1529 (Jhtt.)

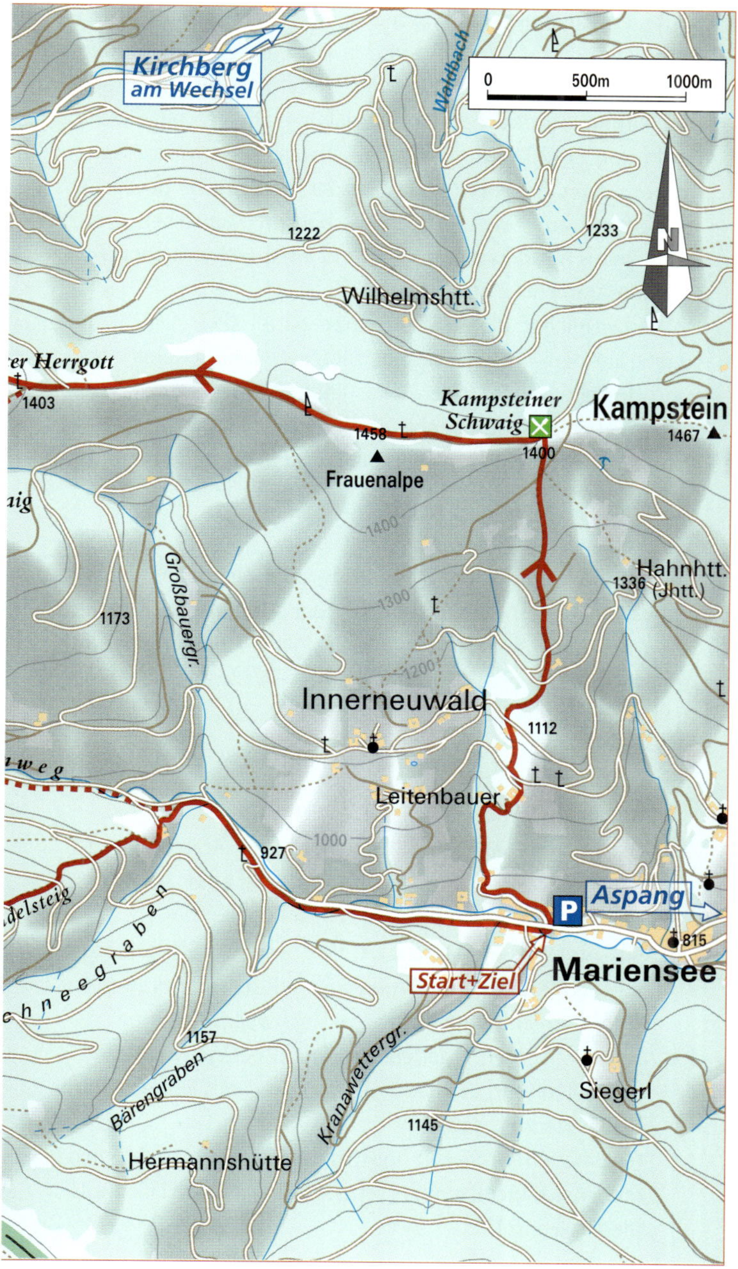
Kirchberg am Wechsel
Waldbach
0
500m
1000m
1222
1233
N
Wilhelmshtt.
Herrgott
1403
Kampsteiner Schwaig
Kampstein
1458
1400
1467
Frauenalpe
1400
Großbauergr.
Hahnhtt. (Jhtt.)
1336
1300
1173
1200
Innerneuwald
1112
Leitenbauer
927
1000
Aspang
815
Start+Ziel
Mariensee
1157
Bärengraben
Kranawettergr.
Siegerl
1145
Hermannshütte

Links einschwenken auf den rot markierten Wechsel-Wanderweg und sanft steigend in den Gipfelbereich der Frauenalpe (Mariazeller Kreuz). Immer den Forstweg entlang in Begleitung der Wechsel-Panoramaloipe abwechselnd durch Wald und über Lichtungen zum Schwarzen Herrgott (Kreuz) jenseits eines Wiesensattels. Nach der Weidefläche deutlicher ansteigend auf einen Rücken, vorbei am Steinernen Kreuz und hinaus auf den baumfreien und entsprechend aussichtsreichen Arabichl. 2 Std.
In südwestlicher Richtung in einen Sattel (Pkt. 1561) und direkt auf dem oft abgeblasenen Rücken über Schöberlriegel und Umschussriegel (oder etwas links davon) in einen Sattel südlich des Umschussriegels und einen einfachen Zaun entlang hinauf auf den Hochwechsel mit dem Wetterkoglerhaus. 2 Std.

Abstieg:
In allgemein nordöstlicher Richtung über einen sich allmählich ausbildenden breiten Rücken zur Marienseer Schwaig. Im Wald den roten Markierungen folgend zu einer Lichtung und in Kürze in den Talboden. Auf der Straße talaus in einer halben Stunde zurück nach Mariensee. 2 Std.

Tipps und Varianten:

- Kurzer Abstecher zur Feistritzer Schwaig.
- Abstieg vom Sattel Pkt. 1561 (nach dem Arabichl) in östlicher Richtung in einen Graben und auf einer Forststraße talaus nach Mariensee.
- Pkw-Auffahrt von Kirchberg/Wechsel zur Steyersberger Schwaig (Ketten mitnehmen!). Von dort Kurztour Arabichl (oder Kranichberger Schwaig)–Hochwechsel–retour.
- Direkter Anstieg: Mariensee–Marienseer Schwaig–Hochwechsel–retour, evtl. auch als Rundtour mit Einbeziehung des Niederwechsels.
- Verschiedene Tourenmöglichkeiten im Bereich Mönichkirchen–Mönichkirchner Schwaig (Sessellift)–Hallerhaus–Niederwechsel.

Mürzsteger Alpen

Ein unerschöpfliches Potenzial an maßgeschneiderten Tageszielen, landschaftliche Reize, alpiner Touch, Schneesicherheit, gute Erreichbarkeit. Skifahren und Skitourengehen haben hier große Tradition, das Schneeschuhwandern trägt inzwischen auch schon zur Belebung des Wintertourismus bei.

Weitere empfehlenswerte Touren:

Gippel, 1669 m
Zufahrt Schwarzau im Gebirge ins hinterste Preintal, 763 m.
Route: Preintal–Gscheidlhöhe–Gippelalm–Gippel–Gippelgraben–Gscheidlhöhe–Preintal.

Lachalpe, 1590 m
Zufahrt von Mürzzuschlag über Krampen ins Tirol.
Route: Forststraße ins Eiserne Törl–Schnitterwiese–Lachalpe–retour. Oder Übergang zur Hinteralm (und hier nächtigen).

Der Schneealpe (Windberg, 1903 m) und der Veitsch, 1981 m, sind bewusst keine Touren gewidmet, weil der Zugang zu den an sich zum Schneeschuhwandern sehr gut geeigneten Hochflächen beschwerlich und lang ist.

- Minuspunkte der Schneealpe: Kollision mit Skitourengehern, vom Michlbauern ausgehend heikle Passage unter dem Kampl. Alternative: Übergang von der Hinteralm (hier nächtigen) über Nassköhr–Gläserkogel–Knopperwiese zum Windberg. Die diversen Grabenzustiege sind nicht empfehlenswert.
- Minuspunkte der Veitsch: Anstieg von Süden über die Brunnalm sehr steil, über die Veitschalmhütten sehr lang. Von Norden durch den Bärengraben ebenfalls sehr lang.

37 Kreuzschober, 1410 m

Der Mürztaler Eckpfeiler

Hoch über Mürzzuschlag erhebt sich die bewaldete Kuppe des Kreuzschobers als erster Höhepunkt eines ausgedehnten Höhenzugs, der bis zur Veitsch reicht. Knapp unterhalb des Gipfels steht am Rande einer lieblichen Almfläche die Kaarlhütte, die an Wochenenden Besucher empfängt, die die freundliche Abgeschiedenheit eines unspektakulären Hausbergs – und natürlich auch die legendären Schweinsbraten – zu schätzen wissen. Während Skitourengeher den Anstieg durch das Eichhorntal wählen, sei Schneeschuhwanderern der Weg über den Stürzerkogel empfohlen. Mit dem Abstieg über die Hönigsberger Alm ergibt sich sogar die Möglichkeit zu einer schönen Überschreitung.

Route: Bf Mürzzuschlag–Lambach-Siedlung–Stürzerkogel–Kaarlhütte–Kreuzschober–Kaarlhütte–Hönigsberger Alm–Hst. Langenwang

Charakter und Anforderungen: Technisch einfache Hochwintertour. Wegen der südseitigen Ausrichtung des Abstiegs nach Langenwang besonders bei ausreichender

Blick zur Kaarlalm

1268
Lärchkogel
Häuselgr.
Kreuzschober
1410
Eichhornta
Seppbauer
Kaarlhütte
1442
Farren-
boden
1314
954
Greitwald
Jhtt.
1080
Stürzerkogel
Gr. Brand
Höllgraben
1236
1000
Eberl
Stürzer
974
Hönigsberger
Alm
Ziegler
Glowoggengraben
Lambachgr.
Zwicklbauer
Lärchkogel
1237
1030
Riegler
Turmbauer
Pichlbau
Jhtt.
Scheibenbauer
863
Leitenbauer
1070
Hahnriegel
Schießbauer
Klotzbauer
Höllbauer
Irgbauer
Veitlbauer
Stahlwerk
Hst.
663
Hönigsberg
Haberfelner
Höflbauer
859
Mitterberg
Seppbauer
648
Gutenbrunn
Schabl
Wastlbauer
S6
Sportpl.
Pichlwang
Wagenbauer
Hst.
Langenwang
Start+Ziel
669
914
Krotten
hof
Ries
Krieglach
Stb.

Krw.
Kapellen
Brunnkogel
822
Tiefental
Hofbauer
23
Eichhorntal
Seppbauer
675
Bürgerwald
954
795
Pernreit
989
Start+Ziel
Stürzerkogel
Lambach
Jhtt.
Semmering
Stürzer
Stahlwerk
Mürzzuschlag
(670)
Hasenbauer
974
Hans im Stein
Ziegler
807
Steingraben
Geiregg
Lambachgr.
Ganster
S6
Wh. Eck-bauer
871
Ganzstein
Ghf. Steinbauer
Ziegenburg
Riegler
Pichlbauer
665
Mürz
Lammer
Irgbauer
Hst.
Stahlwerk
663
Ganz
Ganzbach
Hönigsberg
743
Nicklbauer
Hansbauer
797
648
Kranzbauer
Wh. Roseggerheim
Zimmersdorfb.
Gutenbrunn
Kogelb.
Lechen
Jh.
Bärenkogel
1012
1168
Kogelbauer
Jh.
914
Strauß
Riesenbauer
Pretulbach
Grablbauer
0
500m
1000m

Schneelage empfehlenswert, am besten nach ausgiebigem Neuschneefall.

Zeit: 4½ Std.

Höhenunterschied: 800 m

Distanz: 13 km

Start: Bf Mürzzuschlag, 670 m

Ziel: Hst. Langenwang, 637 m

Mit der Bahn: Südbahn über den Semmering nach Mürzzuschlag.

Mit dem Auto: Von Wien A2 + S6 durch den Semmering nach Mürzzuschlag, zurück zum Start in Kürze mit der Bahn.

Orientierung: Durchwegs rot markiert. Im Anstieg zum Pkt. 989 teils dichte Waldpassagen, in denen der Wegverlauf nicht immer evident ist.

Karten: ÖK 103, 104, UTM 4211, 4217

GPS-Wegpunkte (UTM/WGS 84): Start O 550945, N 5272925. Kreuzschober O 547130, N 5273995. Ziel O 546145, N 5268435.

Lawinengefahr: Auf der Normalroute keine. Südseitig unterhalb des Kamms zwischen Kreuzschober und Kaarl mitunter Schneebrettgefahr.

Aussicht: Fischbacher Alpen, Schneeberg, Rax, Schneealpe, Oberes Mürztal.

Einkehr unterwegs: Kaarlhütte, 1314 m (Sa, So, Ft bew.)

Einkehr danach: Langenwang und Mürzzuschlag

Aufstieg:

Vom Bahnhof auf der Umfahrungsstraße Richtung Bruck/Mur und links zur stattlichen Kirche. Rechts auf einer Promenade den Fröschnitzbach entlang und auf einer Brücke über die Mürz. Dort Erstkontakt mit den roten Markierungen zum Kaarl. Kurz rechts, beim Auwegstüberl links (großer Parkplatz) und steil durch die Lambachsiedlung (schöner Rückblick auf Mürzzuschlag). Nach dem letzten Haus am Waldrand scharf rechts und durch stimmungsvolle Waldabschnitte höher. Nach einer ebenen Querung folgen einige sehr dichte Fichtenbestände, in denen die Wegfindung nicht

Viel Spaß bergab!

immer leicht fällt. Beim Pkt. 989 (Blick zum Kreuzschober) enden die Suchaufgaben. 1¼ Std.
Über den Waldrücken den Markierungen folgend gemütlich weiter, in einem weiten Rechtsbogen (einige Aussichtspunkte) zur Kaarlhütte und durch eine breite Schneise (Achtung auf Skifahrer!) zum Gipfelkreuz. 1¼ Std.

Abstieg nach Langenwang:
Zurück zur Hütte, links weiter Richtung Rosskogel und nach einem ebenen Waldstück an den Rand einer Wiese. Links einschwenken Richtung Langenwang und auf einem breiten Forstweg zu den weiten Flächen der Hönigsberger Alm (schöne Ausblicke über das Mürztal hinweg bis zum Hochlantsch). Am Waldrand vorbei an der Sennhütte, rechts abdriften in den Wald und auf einem Weg zu einem Dreiwetterkreuz. Auf einem schmalen Hohlweg weiter, kurz eine Forststraße betretend, dann wieder auf einem Wegerl hinaus auf die Wiesen oberhalb des Seppbauern (schöner Blick ins Mürztal, zum Stuhleck, auf Pichlwang und auf Langenwang). Beim Anwesen rechts und auf der Zufahrt in den Glowoggengraben. Auf der Straße links, über die Bahn und die Mürz, dann rechts durch die Raingasse zur Wiener Straße. Bald nach der Kirche durch die Bahnhofstraße zum Bahnhalt. 2 Std.

Tipps und Varianten:

- Abstieg von der Kaarlhütte durch das Eichhorntal (die Skitourenabfahrt entlang) zum Hofbauer und neben der Mürz auf dem Fahrweg zurück nach Mürzzuschlag.
- Von der Kaarlhütte nicht direkt zum Kreuzschober, sondern nach kurzem Anstieg rechts abdriften und auf einem Forstweg (eine Stelle mitunter schneebrettgefährdet) zum Rücken zwischen Kaarl, 1396 m, und Kreuzschober. „Kaarl" nennt man die nahe Erhebung östlich des Kreuzschobers. Sie ist auf der ÖK nicht bezeichnet. Von dort bessere Aussicht als vom Kreuzschober selbst. Der kurze Übergang über den verwechteten Kamm nach Westen hin zum Kreuzschober erfordert Erfahrung in der Wegwahl.
- Im letzten Abschnitt des Abstiegs nach Langenwang Abkürzer vor dem Seppbauern rechts in den Glowoggengraben. In Langenwang nach Überqueren der Mürz gleich rechts und auf einem Fußweg die Mürz entlang zur Bahnhaltestelle.

38 und 39 Turntaler Kogel, 1610 m, Rauschkogel, 1720 m

Gemütlich oder sportlich, das ist die Frage

Die Turnauer Alm ist zu jeder Jahreszeit ein beliebtes Bergziel. Zwei Gipfel sind von hier leicht erreichbar, gemein haben sie die Möglichkeit, unterwegs im Alpengasthof auf der Turnauer Alm einzukehren. Auch für Schneeschuhwanderer ist das so. Wobei die beiden Routen unterschiedlicher nicht sein können: Hier eine moderat-beschauliche, dort eine anhaltend sportliche und daher fordernde Strecke. Sie werden ja sehen!

Start und Ziel: Greith, geräumte Parkplätze, 963 m

Mit dem Auto: Von Wien A2 + S6 durch den Semmering bis Ausfahrt Mitterdorf, weiter über Veitsch und den Pretalsattel nach Turnau. Vor dem Ortsschild rechts in den Brücklergraben und 5,5 km meist flach talein nach Greith.

Aussicht: Ötscher, Gemeindealpe, Dürrenstein, Türnitzer Alpen, Schneeberg, Rax, Schneealpe, Gippel, Göller, Veitsch, Hochschwab, Gesäuse.

Einkehr unterwegs: Alpengasthof Turnauer Alm, 1385 m (bew. Do bis So u. Ferien)

Einkehr danach: Turnau: GH Hanswirt

38 Turntaler Kogel

Route: Greith–Turnauer Alm–Turntaler Kogel–retour

Charakter und Anforderungen: Gemütliche Tour auf bis zur Turnauer Alm meist gespurter Strecke. Gipfelanstieg bei Schnee und Wind grimmig, Gipfelschau bei gutem Wetter purer Genuss.

Zeit: 3¾ Std.

Höhenunterschied: 680 m

Distanz: 7,5 km

Orientierung: Einfach, Vorsicht bei Nebel ab der Turnauer Alm.

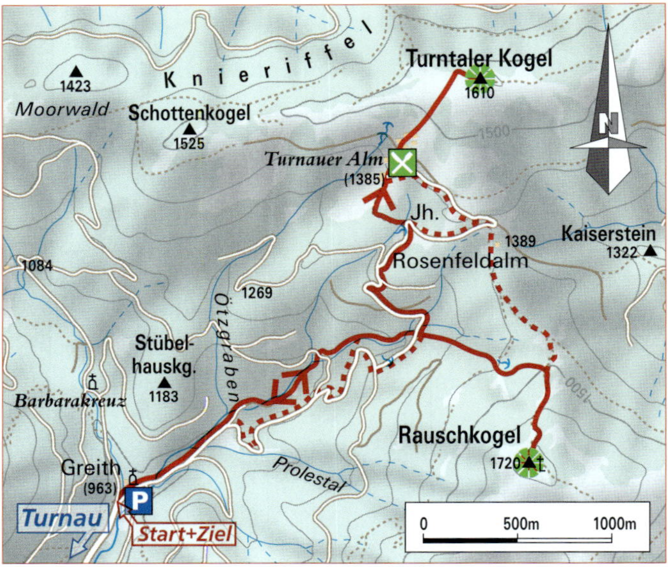

Karten: ÖK 73, UTM 4211

GPS-Wegpunkte (UTM/WGS 84): Start/Ziel O 525830, N 5273050. Turnauer Alm O 527200, N 5274780. Turntaler Kogel O 527720, N 5275310.

Lawinengefahr: Bei vernünftiger Spuranlage keine.

Einkehr danach: GH Freinerhof (Mi Rt)

Aufstieg:

Vom Parkplatz talein zu den Häusern der Siedlung, und der roten Markierung folgend durch den flachen Talboden. Nach einer größeren Lichtung rechts auf der meist geräumten Forststraße (im Sommer Mautstraße) zur Rosenfeldalm, 1330 m. In der folgenden Kehre links ab, auf einem Waldweg hinaus auf die Almfläche und in Kürze zum Alpengasthof Turnauer Alm, 1385 m. 1½ Std.

In nordöstlicher Richtung durch das Almhüttendorf, weiter bergauf (evtl. kleiner Schlepplift) auf die Gipfelkuppe des Turntaler Kogels und rechts zum Kreuz. Achtung, nach Norden Felsabstürze. ¾ Std.

Abstieg:
Wie Aufstieg. 1½ Std.

Tipps und Varianten:

- Sehr schöne Kammwanderung vom Turntaler Kogel nach Westen bis zum Schottenkogel, 1525 m, und retour. Abschnittsweise Vorsicht auf Wechten nach Süden.
- Direktabstieg vom Turntaler Kogel nach Süden in den Sattel Pkt. 1389 und weiter auf der Forststraße nach Westen zur Rosenfeldalm.
- Für Konditionsstarke Kombination mit dem Rauschkogel via Sattel Pkt. 1389.

39 Rauschkogel

Route: Greith–Rauschkogel-Nordrücken–Rauschkogel–retour

Charakter und Anforderungen: Sportlich anspruchsvolle Tour mit längeren steilen Abschnitten, die im Aufstieg

Schritt für Schritt bergauf ...

gute Spurkondition und im Abstieg gute Rutschtechnik erfordern.

Zeit: 4 Std.

Höhenunterschied: 760 m

Distanz: 7 km

Start und Ziel: Greith, geräumte Parkplätze, 963 m

Mit dem Auto: Von Wien A2 + S6 durch den Semmering bis Ausfahrt Mitterdorf, weiter über Veitsch und den Pretalsattel nach Turnau. Vor dem Ortsschild rechts in den Brücklergraben und 5,5 km meist flach talein nach Greith.

Orientierung: Guter Orientierungssinn erforderlich, auf dem Nordrücken des Rauschkogels bei Nebel anspruchsvoll.

Karten: ÖK 73, UTM 4211

GPS-Wegpunkte (UTM/WGS 84): Start/Ziel O 525830, N 5273050. Turnauer Alm O 527200, N 5274780. Rauschkogel O 528020, N 5273275.

Lawinengefahr: Bei vernünftiger Spuranlage keine.

Aufstieg:

Vom Parkplatz talein zu den Häusern der Siedlung und der roten Markierung folgend durch den flachen Talboden. Nach einer größeren Lichtung im Talgrund bleiben und auf einem verwachsenen Waldweg zu einer Lichtung. Weiter zunächst flach, dann links steiler zu einer Forststraße hinauf, 1100 m. Auf dieser rechts und wieder links in den Graben hinein. Den Möglichkeiten folgend im Grabengrund weiter zur nächsten Begegnung mit einer Forststraße, 1180 m. Wieder kurz rechts und links ab zurück in den Graben und bald zur nächsten Forststraße, diesmal mit roter Markierung (Zugang zur Turnauer Alm). Ab hier längerer, steilerer Anstieg nach Ostsüdost über einen schwach ausgeprägten Waldrücken, der links von einem Graben begleitet wird. Im oberen Abschnitt über einen Schlag zum höchsten Punkt einer Forststraße, 1420 m (schöne Aussicht). 1½ Std.

Nun genau nach Osten durch den weiterhin steilen Wald schräg ansteigend zum Nordrücken des Rauschkogels. Über

... dann die Aussicht!

diesen im Wald, dann über lichtere Flächen höher. Das Gelände wird zunehmend felsig und baumfrei, erlaubt aber bei richtiger Spuranlage (im Zweifel eher rechts ausweichen) ein gutes Vorwärtskommen (Vorsicht allerdings bei einer schrofigen Passage). Auf 1650 m ein flacher Absatz, dann schräg rechts ansteigend auf den Gipfel. Das Gipfelkreuz steht jenseits etwas tiefer. 1 Std.

Abstieg:
Wie Aufstieg bzw. ab der rot markierten Forststraße (auf 1220 m) auf dieser zurück zum Ausgangspunkt. 1½ Std.

Tipps und Varianten:

- Im Abstieg auf dem Nordrücken des Rauschkogels in den Sattel Pkt. 1389 und nach Nordwesten ebener Übergang zur Turnauer Alm.
- Für Konditionsstarke Kombination mit dem Turntaler Kogel via Sattel Pkt. 1389.

40 Kleiner Wildkamm, 1757 m

Gar nicht so klein, aber durchaus wild!

Zwischen Veitsch und Niederalpl erhebt sich der scharfe Fels des Wildkamms. In Skitourenkreisen hat er sich einen sehr guten Ruf als schneesicheres Powderrevier erworben, geübte Schneeschuhwanderer sollten sich diese Eigenschaften und die fantastische Aussicht ebenfalls zu Gemüte führen. Wer es rassig liebt, der lässt sich auch den anspruchsvoll-kniffligen Übergang zum Großen Wildkamm nicht entgehen.

Route: Niederalpl–Sohlenalm–Kleiner Wildkamm–Sohlenalm–Sohlenkogel–Niederalpl

Charakter und Anforderungen: Technisch mittelschwieriger Anstieg von hohem landschaftlichem Reiz. Übergang vom Kleinen zum Großen Wildkamm nur für hart gesottene Abenteurer. Abstieg vom Sohlenkogel bei guter Schneeschuh-Rutschtechnik ein großer Spaß.

Zeit: 4 Std.

Höhenunterschied: 700 m

Distanz: 7 km

Start und Ziel: Niederalpl-Passhöhe, 1221 m, Parkplätze, Ketten mitnehmen!

Mit dem Auto: Von Wien A2 + S6 durch den Semmering nach Mürzzuschlag, B23 nach Mürzsteg und aufs

Auf dem Kamm

Niederalpl. Oder von Westen über Mariazell (B20) nach Wegscheid und aufs Niederalpl.

Orientierung: Großteils unmarkierte Abschnitte, Orientierungssinn erforderlich.

Karten: ÖK 103, UTM 4211

GPS-Wegpunkte (UTM/WGS 84): Start/Ziel O 528295, N 5280925. Sohlenalm O 529040, N 5280005. Kleiner Wildkamm O 529710, N 5279125. Großer Wildkamm O 530440, N 5278715.

Lawinengefahr: Bei vernünftiger Spuranlage bis zum Kleinen Wildkamm keine. Der Übergang Kleiner Wildkamm–Großer Wildkamm kann abschnittsweise heikel sein.

Aussicht: Ötscher, Gemeindealpe, Dürrenstein, Wald- und Mühlviertel, Türnitzer Alpen, Gutensteiner Alpen, Schneeberg, Rax, Gippel, Göller, Veitsch, Hochschwab.

Einkehr unterwegs: keine

Einkehr danach: Niederalpl: GH Plodererhof, Neuberg/Mürz: GH Holzer (Di, Mi Rt), GH Anni Holzer (Mo Rt).

Aufstieg:

Westlich vom Plodererhof links zur einmündenden Forststraße (rote Markierung) und auf dieser im Wald zum Fuß einer Felswand. Flach weiter, dann scharf links auf einem steil ansteigenden Waldweg. Auf einem Boden (Ausblicke zur Veitsch) nach Osten zu einer Lichtung, schräg hinab durch eine Senke und jenseits weiter querend hinaus auf die sanften Flächen der Sohlenalm (eine Hütte im Winter zugänglich). 1 Std.

Nach Süden über den lichten Waldrücken in Kehren aufwärts (eher etwas links halten) auf einen kleinen Absatz. Ab hier in der Latschenzone höher und nach einer weiteren Abflachung hinauf auf den Kleinen Wildkamm (zuletzt etwas links vom Gipfel halten, dann kurz steil zu diesem hinauf). Das kleine Gipfelkreuz taucht erst ganz zuletzt auf. 1½ Std.

Abstieg:

Wie beim Aufstieg zurück zur Sohlenalm. Nun nach Norden sanft ansteigend zum Waldrand und im mittelsteilen Wald (Felsblöcke) hinauf auf den Rücken des Sohlenkogels. Links über Lichtungen in Kürze zum höchsten Punkt. 1 Std.

Weiter über den Rücken nach Westen, bis sich nach Norden auf einer nahen Lichtung eine steile und schmale Schneise auftut (evtl. Skitourenspuren). Durch diese in wunderbarer, langer Rutschfahrt hinab, zuletzt im dichteren, weniger steilen Wald schräg links zu einem Schlepplift und mit wenigen Schritten zurück zum Ausgangspunkt. ½ Std.

Tipps und Varianten:

- Übergang Kleiner Wildkamm–Großer Wildkamm: Technisch anspruchsvoll, abschnittsweise sehr exponiert, daher nur für wirklich routinierte Schneeschuhwanderer mit sehr guter Geländeeinschätzung: Vom Kleinen Wildkamm nach Osten hinab in eine Scharte, jenseits den Möglichkeiten folgend teils auf dem felsdurchsetzten Grat, teils knapp unterhalb in der Nordflanke (Achtung, evtl. lawinengefährlich). Dann direkt auf kurzer Gratschneide zum Ende der Schwierigkeiten (ab hier bei Nebel kritisch). Über einen nun breiten Latschenrücken auf ein kleines Plateau und Übergang zum Gipfelkreuz auf dem Großen Wildkamm, 1874 m. ¾ Std. vom Kleinen zum Großen Wildkamm, ½ Std. retour zum Kleinen Wildkamm.

41 Großer Königskogel, 1574 m

Schneeschuhwandern auf die rassige Art

Der Königskogel ist ein schöner Aussichtsberg und im Winter eine klassische Skitour. Sie wollen als Schneeschuhwanderer auch rauf, aber nicht den Skispuren folgen? Wer wagt, gewinnt! Wenn Sie es sich zutrauen, steilere Waldpassagen abzurutschen und von Wassereis überronnenen Felsstufen auszuweichen, dann – aber nur dann – sind Sie hier richtig! Mit der richtigen Vorbereitung werden Sie diese Tour von Anfang bis zum Ende in vollen Zügen genießen können!

Route: Scheiterboden–Rosslochklamm–Alter Salzriegel–Großer Königskogel–Planiktal–Rosslochklamm–Scheiterboden

Charakter und Anforderungen: Hochsportliche, fordernde Abenteuertour, die nur bei hoher und gleichzeitig sicherer Schneelage durchführbar ist. Landschaftlich spitze, aber nur den im anspruchsvollen Gelände geübten Routiniers und Könnern vorbehalten.

Zeit: 5 Std.

Höhenunterschied: 800 m

Distanz: 9 km

In der Rosslochklamm

Start und Ziel: Scheiterboden, Parkplätze knapp südlich Pkt. 806

Mit dem Auto: Von Wien A2 + S6 durch den Semmering nach Mürzzuschlag, B 23 nach Mürzsteg und Richtung Frein bis Scheiterboden.

Orientierung: Guter Orientierungssinn erforderlich, auch wenn Route meist durch Rücken und Gräben vorgegeben.

Karten: ÖK 103, UTM 4211

GPS-Wegpunkte (UTM/WGS 84): Start/Ziel O 536060, N 5282915. Alter Salzriegel O 534745, N 5284420. Großer Königskogel O 533345, N 5283885.

Lawinengefahr: Der Steilabstieg durchs obere Planiktal erfordert sichere Schneeverhältnisse.

Aussicht: Schneeberg, Rax, Schneealpe, Veitsch, Hochschwab, Kräuterin, Dürrenstein, Ötscher, Göller, Gippel, Türnitzer Alpen, Freiner Berge, Tonion, Hochlantsch.

Einkehr unterwegs: keine

Einkehr danach: Frein: GH Freinerhof (Mo, Di Rt)

Aufstieg:

Vom Parkplatz auf der Straße kurz weiter, dann links am Waldrand zu einer Brücke über die Mürz. Weiter auf der Forststraße (Links-rechts-Schikane) zu einer Brücke vor der spektakulären engen Rosslochklamm. Durch diese hindurch und bei der folgenden Talgabel im rechten Ast weiter in die „Alten Gräben". Weitere Felsformationen bilden keine Hindernisse. Dann auf einer Forstraße nach Norden an ihr Ende und weglos auf den Alten Salzriegel, 1100 m. 1½ Std.

Links über den Waldrücken (erste schöne Ausblicke) höher. Ab 1350 m lichtet sich zunehmend das Gelände. Vor dem Gipfel einige Felsgebilde (rechts ausweichen) und hinauf zum Gipfelkreuz auf der baumfreien, windanfälligen Kuppe. 1½ Std.

Abstieg:

Nach Süden zum Waldrand und leicht linkshaltend über den Waldrücken bis 1350 m. Rechts steil hinab zu einer Forststraße, 1200 m. Weiter abwärts in den Grabengrund. Dort den Möglichkeiten folgend (Felsstufen muss mitunter links in der steilen Waldflanke ausgewichen werden) mit einem Anflug von Canyoning im oberen Planiktal zu einer Forststraße, 950 m. Auf dieser entspannter talaus zur Gabelung auf einer Lichtung. Kurz links, dann alsbald rechts im wildromantischen Grabengrund („Neue Gräben“). Nochmals durch die Rosslochklamm und zurück zum Ausgangspunkt. 2 Std.

Tipps und Varianten:

- Kurzer Übergang nach Nordwesten vom Großen zum Kleinen Königskogel.
- Gemütlicherer Aufstieg: Aus dem Dobreintal (Zufahrt von Mürzsteg Richtung Niederalpl) von Pkt. 868 (Brücke, Kapelle) auf Forststraße in den Buchalpengraben, rechts in den Gschwandgraben und links zur Kehre. Über den Südrücken nach Norden auf den Hirschriegel, 1408 m, und via Rapoltenkogel auf den Großen Königskogel. 2½ Std.
- Abstieg wie Aufstieg oder schöne Rundtour auf der Strecke Kleiner Königskogel–Königsalm–Dürrriegelalm–Langer Dürrriegel–Buchalpengraben–Pkt. 868.

42 Große Proles, 1565 m

Spezialaufstieg mit positiven Überraschungen

Wenn ein Berg ein beliebtes Skitourenziel ist, muss sich der Schneeschuhwanderer etwas Neues einfallen lassen, will er den Scharfkantenspuren ausweichen. Bei der Großen Proles wird er dabei auf der hier vorgeschlagenen Route mit einem großartigen landschaftlichen Erlebnis belohnt, das bald nach dem Start einsetzt und bis zum Gipfel anhält. Und auch im Abstieg kann er in den dichten Wäldern seine Vorzüge punkto Wendigkeit voll ausspielen.

Route: Frein–Bockmauer–Große Proles–Hammergraben–Frein

Charakter und Anforderungen: Originelle Route für Geübte, die neben technischem Können auch einen guten Orientierungssinn und Gespür für die beste Spur haben.

Zeit: 4¼ Std.

Höhenunterschied: 750 m

Distanz: 7,5 km

Start und Ziel: Frein/Mürz, GH Freinerhof, 864 m, Parkplätze

Große und Kleine Proles

Mit dem Auto: Von Wien A2 + S6 durch den Semmering nach Mürzzuschlag, B 23 nach Mürzsteg und weiter nach Frein. Oder von Norden von St. Pölten (A1) über St. Aegyd–Gscheid–Lahnsattel nach Frein.

Orientierung: Komplexer Streckenverlauf, daher guter Orientierungssinn erforderlich.

Karten: ÖK 103, UTM 4211

GPS-Wegpunkte (UTM/WGS 84): Start/Ziel: O 536300, N 5287525. Große Proles O 534085, N 5285865.

Lawinengefahr: Die Querung im Tunnelbereich und die Steilstufe nach 1150 m sind bei Lawinengefahr heikel.

Aussicht: Schneeberg, Rax, Schneealpe, Veitsch, Hochschwab, Kräuterin, Dürrenstein, Ötscher, Göller, Schnalzstein, Gippel, Türnitzer Alpen, Gutensteiner Alpen, Freiner Berge, Tonion, Hochlantsch, Stuhleck.

Einkehr unterwegs: keine

Einkehr danach: Frein: GH Freinerhof (Mi Rt)

Aufstieg:

Vom Freinerhof zur Bundesstraße und auf dieser Richtung Mürzsteg bis zum nahen Waldrand. Rechts ab auf die Forststraße, beim Schranken links in den Wald und mittelsteil hinauf wieder zur Forststraße und links zur Kehre. Wieder querfeldein weiter aufwärts zu einem Waldweg. Auf diesem links gemütlich weiter. Nach ersten kleinen Felserscheinungen durch einen kleinen Tunnel, dann weitere Flankenquerung zu einem Rücken, dahinter ein kleiner Jägerstand. Bald darauf zu einem Graben und links neben diesem Anstieg zu einem Forstweg, 1100 m. Auf dem Forstweg rechts bis zu seinem Ende. Dort rechts im anfangs lästig-dichten Wald auf eine nahe Kuppe. Über diese hinweg (schöner Blick zur Veitsch) flacher Übergang zu einem steilen Aufschwung. Rechts unter einem Felsen ansteigende Querung (heikel bei Lawinengefahr!), dann im Wald weiter sanft steigende Querung zu einer Forststraßenkehre. Auf der Forststraße (links Windbruchschäden) nach Westen und nach einem weiten Rechtsbogen links im mittelsteilen Wald hinauf Richtung Pkt. 1406. Rechts davon hinaus (kleiner Höhenverlust) auf eine idyllische, rechteckige Lichtung. An ihrem nördlichen Ende links durch eine anfangs schlanke Schneise höher. Auf 1460 m rechts durch einen Baumstreifen auf die nächste Lichtung wechseln und weiter rechts auf den Begrenzungsrücken. Über diesen hinauf an die Geländekante (Achtung Abbrüche), dann leicht rechts abdriften (dichter Wald) und mit etwas Höhenverlust in eine Mulde. Durch diese nach Süden hinauf in den Gipfelbereich, dort nur ein primitives Holzkreuz als Zeichen. 2½ Std.

Abstieg:
Zurück in die oberste Mulde und durch diese nach Norden zunehmend steil hinab zu einer Forststraße, 1300 m. Auf dieser rechts und zurück zu der Stelle, wo diese Forststraße im Aufstieg Richtung Pkt. 1406 verlassen wurde. Dort nach Norden durch den steilen Wald hinab zu einer Kehre. Nach Osten über die flache Lichtung wieder in den Wald und leicht links haltend durch einen schönen Graben zur nächsten Forststraße. Kurz rechts, links ab in eine Mulde, die links von einem Felsstreifen begrenzt ist. Im unteren Teil einmal eine Steilstufe links umgehen, dann rechts haltend in den eigentlichen Hammergraben und durch diesen zu einer Forststraße (links Felsen). Weiter über eine Böschung und im zunächst flachen Graben abwärts. Bald rechts

Bald nach dem Start

im Wald eine steile Felswand. Unter dieser in einen Waldboden und rechts aus dem Graben auf einen Sattel. Jenseits auf einer Forststraße zurück zum Ausgangspunkt. 1¾ Std.

Tipps und Varianten:

- Leichter Aufstieg: Gleich vom Beginn weg auf der Forststraße in mehreren Kehren (oder diese im Wald abkürzend) bis 1100 m. Weitere Aufstiegsvarianten siehe Karte (strichlierte Strecken).
- Übergang zur Kleinen Proles, 1579 m. Die Kleine ist größer! Von der Großen durch Latschenfelder genau nach Westen in einen Sattel, 1490 m, und Gegenanstieg auf die Kleine. Lohnende Zugabe mit gesteigertem Aussichtsgenuss.

43 Hinteralm/ Spielkogel 1599 m

Ins Winterparadies der Mürzsteger Alpen!

Die Hinteralm muss jeder kennen – und viele kennen sie auch. Im Winter ist sie ganz einfach ein Traum. Eine weitläufige Almfläche mit vielen Hütten – eine davon ist auch freundlich bewirtschaftet – und einer schönen Aussicht. Skitourengeher wissen diesen Mix seit langem zu schätzen. Auch die Schneeschuhwanderer haben das Gelände längst für sich entdeckt. Platz ist für alle da und Möglichkeiten, sich auszuleben, gibt es auch genug.

Route: Frein/Mürz–Plotschgraben–Hinteralm–Spielkogel–Rosskogel–Frein

Charakter und Anforderungen: Genussvolle längere Tour mit einem Hüttenstützpunkt in bester Lage und vielen möglichen Varianten auf der Hochfläche.

Zeit: 6 Std.

Höhenunterschied: 850 m

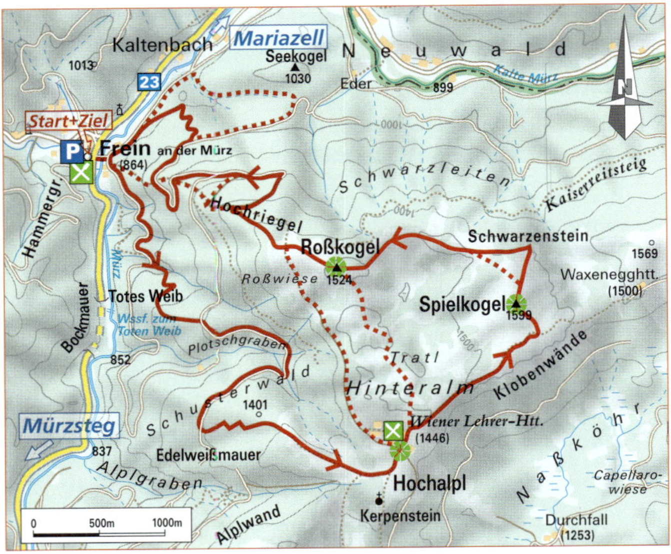

Distanz: 12,5 km

Start und Ziel: Frein/Mürz, GH Freinerhof, 864 m, geräumte Parkplätze

Mit dem Auto: Von Wien A2 + S6 durch den Semmering nach Mürzzuschlag, B 23 nach Mürzsteg und weiter nach Frein. Oder von Norden von St. Pölten (A1) über St. Aegyd–Gscheid–Lahnsattel nach Frein.

Orientierung: Orientierungssinn erforderlich. Oberhalb der Baumgrenze bei Nebel kritisch. Nur im Bereich der Hinteralm Stangenmarkierung.

Karten: ÖK 103, UTM 4211

GPS-Wegpunkte (UTM/WGS 84): Start/Ziel O 536330, N 5287680. Hinteralmhaus O 538670, N 5285545. Spielkogel O 539510, N 5286565. Rosskogel O 538170, N 5286840.

Lawinengefahr: Ein kurzer Abschnitt in der Querung nach dem Plotschgraben ist bei sehr ungünstigen Verhältnissen kritisch.

Aussicht: Schneeberg, Rax, Schneealpe, Veitsch, Hochschwab, Kräuterin, Dürrenstein, Ötscher, Göller, Schnalzstein, Gippel, Türnitzer Alpen, Gutensteiner Alpen, Freiner Berge, Tonion, Hochlantsch, Rennfeld, Stuhleck.

Einkehr unterwegs: Hinteralmhaus (Wiener-Lehrer-Hütte), 1445 m (Sa, So bew.)

Einkehr danach: Frein: GH Freinerhof (Mi Rt)

Aufstieg:

Vom Freinerhof nach Süden zur Bundesstraße und jenseits über eine Brücke. Rechts auf einer Forststraße leicht ansteigen bis zum dritten Graben. In diesen zunächst kurz etwas mühsam aufwärts, dann auf 1000 m nach rechts ausscheren und im Hochwald (links eine Felsformation) höher. Über einen stumpfen und zunehmend flachen Rücken in einem weiten Linksbogen zu einer Forststraße. Auf dieser gemütlich weiter zum Plotschgraben, am Gegenhang (schöne Ausblicke zur Veitsch und zur Proleswand) um ein verwehtes Eck. Dort, wo die Straße leicht abfällt, links ab und in östlicher Richtung einen schwach ausgeprägten Graben entlang (der Pkt. 1401 bleibt links), zuletzt durch dichtere Bestände hin-

aus auf eine Schneefläche. Rechtshaltend ebener Übergang zur Hinteralm, zuletzt der Stangenmarkierung folgend zum Hinteralmhaus. 2½ Std.
Weiter hinauf in nordöstlicher Richtung zum Wald, links um eine Kuppe herum in eine Senke, dann die Abstürze der Klobenwände entlang höher (Vorsicht, teils mächtige Wechten nach Süden) und nach einem Waldstück links hinüber auf den Spielkogel (Kreuz). ¾ Std.

Abstieg:
Nach Norden kurz Richtung Schwarzenstein, dann links einschwenken und aus einem Sattel auf eine Anhöhe, 1520 m. Weiter in westlicher Richtung in einen weiten Boden und auf den Rosskogel. Nach Nordwesten, anfangs durch ein kleines Wäldchen, auf die Rosswiese hinab und, die Stangenmarkierung kreuzend, auf eine letzte Kuppe, 1460 m. 1¼ Std.
In nordwestlicher Richtung auf dem Rücken, bis von rechts der rot markierte Sommerweg einmündet. Nun nicht über den Rücken, sondern auf einem Forstweg am nordseitigen Waldhang in langen Rampen abwärts, zurück zum Rücken nach einer Kehre weiter bis 1020 m. Weglos links ab in den Talboden und auf einer Forststraße zurück nach Frein. 1½ Std.

Tipps und Varianten:

- Direkte Übergänge von der Hinteralm (Stangenmarkierung) zum Rosskogel und zur Rosswiese.
- Für geübte Schneeschuhgeher: Direkter Abstieg vom Rosskogel die Markierung entlang über den gesamten Hochriegel nach Frein. Bei gutem Schnee eine steile Herausforderung für Könner.
- Weitere Tourenmöglichkeiten im Bereich der Hinteralm:
  - Hochalpl mit Kerpenstein-Kapelle und Abstecher zum Kaiserhaus (geschichtsträchtige Jagdhütte)
  - Rundtour Nassköhr–Bodenalm–Eisernes Törl–Hinteralm
  - Rundtour Spielkogel–Waxeneck–Nassköhr–Hinteralm

44 Donnerwand, 1799 m

Hoher Einsatz, hoher Gewinn!

Die Donnerwand ist eine der auffälligsten Bergerscheinungen im Bereich der Schneealpe. Trotzdem wird sie relativ selten besucht. Sind die mächtigen Ostabstürze zu Respekt einflößend? Jedenfalls sind sie ein toller Anblick, der genug Motivation sein sollte, sich das Gipfelkreuz aus der Nähe anzusehen. Die Besteigung ist von der Nordseite auch für Schneeschuhwanderer sehr gut möglich, die Länge der Tour erfordert aber entsprechende Kondition. Dafür ist die Aussicht dann wirklich vom Feinsten!

Route: Jausenstation Leitner–Kaiserreitsteig–Johannesjagdhütte–Taborsattel–Donnerwand–Steinalpl–Leitner

Charakter und Anforderungen: Technisch mittelschwierige, längere Tour mit gewaltigen Landschaftseindrücken

Zeit: 5¾ Std.

Höhenunterschied: 1000 m

Distanz: 11,5 km

Start und Ziel: Neuwald, Jausenstation Leitner, Parkplätze

Keinen Schritt weiter!

Mit dem Auto: Von Wien A2 + S6 durch den Semmering nach Mürzzuschlag, B23 nach Mürzsteg, über Frein zur Abzweigung nach Neuwald und bis zum Ende der öffentlich befahrbaren Straße. Oder von St. Pölten (A1) über St. Aegyd–Gscheid–Lahnsattel nach Neuwald.

Orientierung: Größtenteils unmarkiert, trotzdem keine speziellen Orientierungsschwierigkeiten, außer bei Nebel ab dem Taborsattel.

Karten: ÖK 103, UTM 4211

GPS-Wegpunkte (UTM/WGS 84): Start/Ziel O 541130, N 5288585. Taborsattel O 541695, N 5286630. Donnerwand O 542800, N 5285650.

Lawinengefahr: Bei ungünstigen Verhältnissen kann der Aufstieg in den Taborsattel heikel sein.

Aussicht: Schneeberg, Rax, Schneealpe, Veitsch, Freiner Berge, Hochschwab, Gesäuse, Totes Gebirge, Kräuterin,

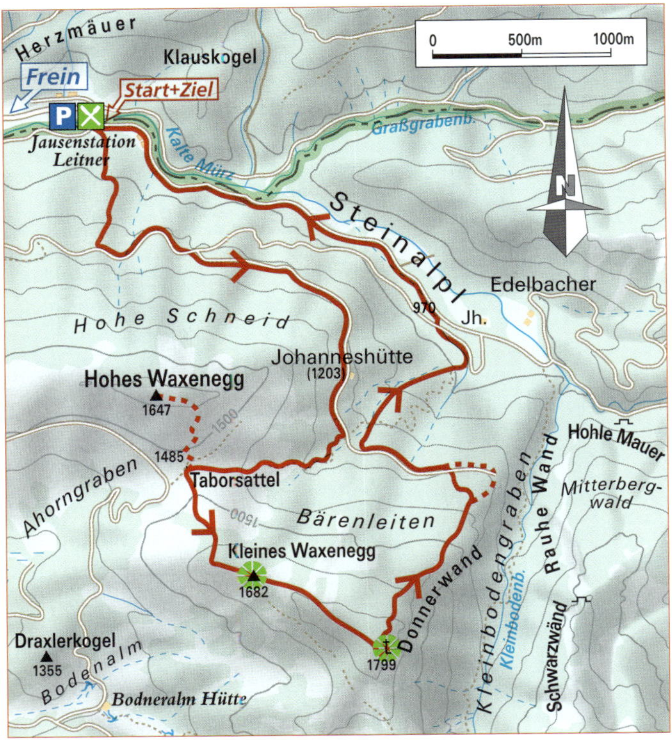

Abstieg von der Donnerwand

Hochkar, Dürrenstein, Göller, Gippel, Gutensteiner Alpen, Türnitzer Alpen, Fischbacher Alpen.

Einkehr unterwegs: keine

Einkehr danach: Neuwald: Jausenstation Leitner (Mo, Do Rt), Frein: GH Freinerhof (Mi Rt).

Aufstieg:

Vom Parkplatz nach der Brücke über die Kalte Mürz schräg links durch eine schmale Schneise in den Wald. Der kleine Graben wird bald schlecht gangbar, dort links ausweichen und über den Begrenzungsrücken höher, zuletzt durch lichten Wald zu einer Forststraße, 1150 m, Felsformation. Auf der Straße links mit geringem Höhenverlust zu einer Gabelung, auf dem rechten Ast weiter in einem weiten Rechtsbogen sanft ansteigend zur Johannesjagdhütte. Der Forststraße folgen bis zu einer Kehre in einem Tälchen. Dort rechts ab und durch den Graben zu einer weiteren Hütte. In westlicher Richtung durch schöne, lichte Baumbestände hinauf in den weiten und oft windigen Taborsattel, 1480 m. 2½ Std.

Nach Süden über den stumpfen Rücken auf das Kleine Waxeneck, 1682 m, dann eine kleine Senke, weiter über den

baumfreien Kamm (Achtung auf Wechten nach Süden) und hinauf zum Gipfelkreuz auf der Donnerwand. 1¼ Std.
Achtung: Das Kreuz steht am Rande des Abgrundes, der Gipfelbereich ist nach Südosten stark verwechtet!

Abstieg:
Nach Norden über den verwehten Latschenhang hinab in einen kleinen Sattel (Vorsicht, nicht zu sehr rechts halten) und jenseits auf die folgende kleine Kuppe (spektakulärer Rückblick auf die Ostwände der Donnerwand). Nun im schönen Nadelwald genussvoll weiter, bis dieser auf 1350 m etwas abflacht. Linkshaltend steiler zum Waldrand (hinderliche Windbruchschäden) und hinab zu einer nahen querenden Forststraße. Auf dieser links zum Tälchen, das in den Taborsattel führt. Dort rechts ab und dem Graben folgend hinunter in den Talboden. Auf der Forststraße links zu Pkt. 970. 1½ Std.
Auf der meist geräumten Straße geduldig zurück zum Ausgangspunkt. ½ Std.

Tipps und Varianten:

- Aus dem Taborsattel Abstecher (Vorsicht, nicht immer lawinensicher!) auf das Hohe Waxeneck, 1647 m.
- Beim Abstieg von der Donnerwand kann der Steilstufe vor Erreichen der Forststraße rechts ausgewichen werden (siehe Karte).
- Das Hohe Waxeneck kann auch direkt von der Jausenstation Leitner aus über die nordseitigen steilen Wälder und Schläge bestiegen werden. Beliebte Skitour, daher an Wochenenden meist gespurt. Aber bitte die Skitourenspur nicht benutzen!

45 Grasgrabenhöhe, 1474 m

Alpines Neuland für abenteuerlustige Schneeschuhwanderer

Eine Quizfrage über die Grasgrabenhöhe wäre mit allerhöchster Wahrscheinlichkeit für die meisten Kandidaten ein mehrfacher Jokerkiller. Und ob da das Publikum richtig läge, ist auch sehr fraglich. Macht nichts. Der Autor hat die Karte genau studiert, sich diese Route ausgedacht und erfolgreich recherchiert. Also steht dem Leser nun ein weiterer Schneeschuhwander-Leckerbissen zur Verfügung, der garantiert nachahmenswert ist, sofern er den geh- und orientierungstechnischen Voraussetzungen gewachsen ist.

Route: Jausenstation Leitner–Kalte Mürz–Grasgrabenhöhe–Kleine Goldgrubhöhe–Kalte Mürz–Leitner

Charakter und Anforderungen: Technisch und konditionell mittelschwierige Tour, die gutes Gespür für die richtige Spuranlage verlangt. Sportlich steiler Waldabstieg vom Ostkamm der Grasgrabenhöhe, von dort sehr schöne Einblicke in die Nordseite der Schneealpe.

Zeit: 5 Std.

Hier beginnt das Abenteuer

Höhenunterschied: 700 m

Distanz: 11 km

Start und Ziel: Neuwald, Jausenstation Leitner, Parkplätze

Mit dem Auto: Von Wien A2 + S6 durch den Semmering nach Mürzzuschlag, B23 nach Mürzsteg, über Frein zur Abzweigung nach Neuwald und bis zum Ende der öffentlich befahrbaren Straße. Oder von St. Pölten (A1) über St. Aegyd–Gscheid–Lahnsattel nach Neuwald.

Orientierung: Größtenteils unmarkiert, guter Orientierungssinn erforderlich.

Karten: ÖK 103, 104, UTM 4211

GPS-Wegpunkte (UTM/WGS 84): Start/Ziel O 541130, N 5288585. Grasgrabenhöhe O 544505, N 5287980. Kleine Goldgrubenhöhe O 544510, N 5287255.

Lawinengefahr: Bei ungünstigen Verhältnissen ist der steile Waldabstieg vom Ostkamm der Grasgrabenhöhe heikel.

Aussicht: Schneeberg, Rax, Schneealpe, Veitsch, Freiner Berge, Hochschwab, Göller, Gippel.

Einkehr unterwegs: keine

Einkehr danach: Neuwald: Jausenstation Leitner (Mo, Do Rt), Frein: GH Freinerhof (Mi Rt)

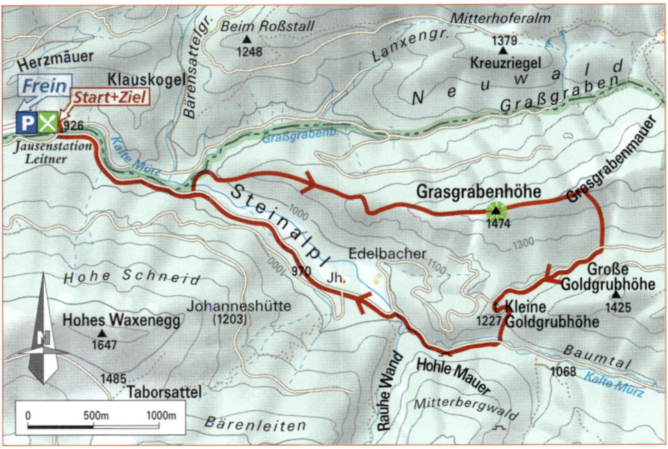

Aufstieg:

Vom Parkplatz jenseits der Kalten Mürz (orogr. links) auf geräumter Forststraße talein, bis sich das Tal nach 1,3 km gabelt (links eine Lichtung, Pkt. 947). Links ab und auf einer einfachen Holzbrücke über den Bach. Auf der Lichtung rechts zum Waldrücken hinauf und zu einer Forststraße. Weiter über den Rücken in genau östlicher Richtung über zwei Kuppen hinweg. Aus dem folgenden Sattel in die steile Waldflanke links ausweichend in Kehren höher und hinauf auf einen schönen Aussichtspunkt, 1300 m (nach Süden Felsen). 1¾ Std.

Über den schmalen Kamm hinab in einen Sattel (toller Rückblick) und den Möglichkeiten folgend weiter nach Osten. Wo der Kamm felsig ist, kann nordseitig ausgewichen werden. Solcherart hinauf auf den schwach ausgeprägten höchsten Punkt der Grasgrabenhöhe (Höhenmesser beachten!). ¾ Std.

Abstieg:

Auf dem flachen, aber sehr stark überwechteten Kamm (Ausblicke nach Süden) genussvoll weiter, bis sich im Vordergrund ein unüberwindlicher Felsgrat aufbaut. Rechts an geeigneter Stelle in den Steilwald hinein und bei Pulverschnee in genussvoller Rutschfahrt hinab zu einer Forststraße, 1200 m. Rechts weiter und bald ein sanfter Anstieg in einen Sattel. Dort genau nach Süden auf die nahe Kleine Goldgrubhöhe (Denkmal). 1 Std.

Steiler Abstieg durch eine Mulde nach Osten in den wildromantischen Graben und in diesem nach Süden zwischen Felswänden und Felsblöcken hinab zur Kalten Mürz. An geeigneter Stelle (gar nicht so einfach!) rüber zur geräumten Forststraße und geduldig 4 km talaus zum Ausgangspunkt. 1½ Std.

46 Steinerkogel, 1589 m

Der geheime Leckerbissen

Diesen Kogel kennen nicht viele! Dabei ist er relativ zu seiner Umgebung recht hoch, und von seinem Gipfel zeigt sich so mancher Nachbar aus ungewohnter Perspektive. Er ist aber auch nicht ohne. Zunächst fast einschläfernd flach, dann zunehmend steil und zum Gipfel zu schon richtig schweißtreibend. Und der optionale Übergang zum Rauchstein ist die rassige Zugabe. Im Abstieg gibt's dann einsame Hochwälder und wildromantische Gräben, gerade in der richtigen Neigung, um die Schneeschuhe durch Pulver oder Firn rutschen zu lassen. Das macht Spaß!

Route: Neuwald–Grasgrabenbach–Lanxengraben–Mitterhoferalm–Steinerkogel–Rauchstein–Grasgraben–Neuwald

Charakter und Anforderungen: Technisch anspruchsvolle Tour mit mehreren steileren Abschnitten.

Zeit: 5½ Std.

Höhenunterschied: 730 m

Distanz: 11,5 km

Start und Ziel: Neuwald, Jausenstation Leitner, Parkplätze

Mit dem Auto: Von Wien A2 + S6 durch den Semmering nach Mürzzuschlag, B23 nach Mürzsteg, über Frein zur Abzweigung nach Neuwald und bis zum Ende der öffentlich befahrbaren Straße. Oder von St. Pölten (A1) über St. Aegyd–Gscheid–Lahnsattel nach Neuwald.

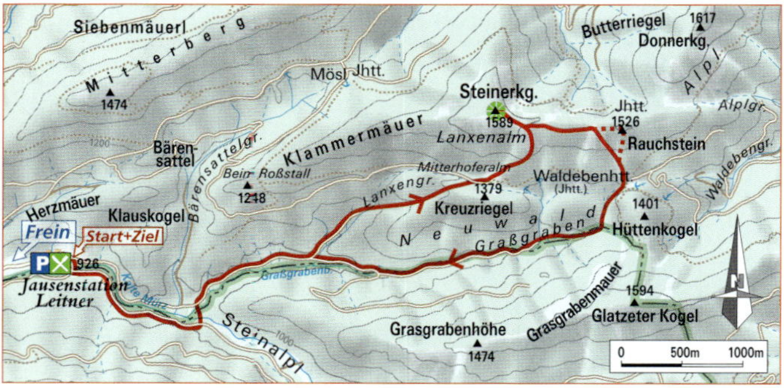

Und wieder der Schneeberg!

Orientierung: Gänzlich unmarkiert, zum Teil auch weglos. Trotzdem keine größeren Schwierigkeiten.

Karten: ÖK 73, 74, 103, 104, UTM 4211

GPS-Wegpunkte (UTM/WGS 84): Start/Ziel O 541130, N 5288585. Steinerkogel O 544575, N 5289885.

Lawinengefahr: Gefährdete Bereiche sind die Lanxenalm und der Abstieg vom Sattel westlich des Rauchsteins.

Aussicht: Schneeberg, Rax, Ameisbühel, Schneealpe, Waxeneck, Veitsch, Freiner Berge, Hochschwab, Gesäuse, Kräuterin, Hochkar, Dürrenstein, Göller, Gippel, Gutensteiner Alpen, Türnitzer Alpen, Sonnleitstein, Lahnberg, Donnerkogel.

Einkehr unterwegs: keine

Einkehr danach: Neuwald: Jausenstation Leitner (Mo, Do Rt), Frein: GH Freinerhof (Mi Rt).

Aufstieg:

Vom Parkplatz jenseits der Kalten Mürz (orogr. links) auf geräumter Forststraße talein, bis sich das Tal nach 1,3 km gabelt (links eine Lichtung, Pkt. 947). Links ab und auf einer einfachen Holzbrücke über den Bach. Weiter über die Lichtung zum nahen Grasgrabenbach. An günstiger Stelle durchs dürftig rinnende Wasser (besser ohne Schneeschuhe!) und

zu einer Forststraße. Auf dieser rechts talein bis zur ersten größeren Talgabelung (kurz davor rechts im Wald eine kleine Jagdhütte). Links abzweigen in den Lanxengraben und ansteigend bis ans Ende des Forstwegs nach einem Aufforstungsbereich. Im schönen Hochwald steiler zu einer Grabenteilung. Im rechten Ast in genau östlicher Richtung über den linken, gut gangbaren Begrenzungsrücken des Grabens im Zickzack höher. Am Fuße des Kreuzriegels flacher hinaus auf die Schneefläche der Mitterhoferalm (interessanter Blick auf die Nordseite der Schneealpe). 2 Std.
Am oberen Rand der Lichtung wieder in den Wald und in nordöstlicher Richtung steile Querung zu einer Forststraße und weiter hinauf zur Lanxenalm. Über die freie Fläche in einem Linksbogen den steilen Hang hinauf. Dann ein eindrucksvoller Blick in die steile, lawinenträchtige Ostflanke des Steinerkogels. Knapp links unter dem teils felsigen Kamm zum höchsten Punkt am westlichen Ende des Gipfelrückens. ¾ Std.

Abstieg:
Vom Steinerkogel ist der Übergang zum Rauchstein gut einzusehen: Zurück zur Lanxenalm, dann dem ersten Kammabschnitt rechts ausweichen und links zurück zum Rücken und zu einer Lichtung in einem Sattel vor dem Rauchstein. Sein Gipfelbereich ist kein Schneeschuh-Gelände: So weit wie möglich knapp rechts des Felsgrats aufwärts, dann die Schneeschuhe zurücklassen und bei guten Verhältnissen zu Fuß von rechts zum höchsten Punkt. 1 Std.
Zurück in den Sattel und nach Süden über steilere Schneehänge genussvoll abrutschen. Im Wald in einem etwas flacheren Bereich die Richtung beibehalten (die Waldebenhütte bleibt östlich), in einen sich ausbildenden Graben hinein, nach einigen Windungen in den Graßgraben einschwenken und im schönen Hochwald weiter. Dann auf der Forststraße talaus zur Abzweigung in den Lanxengraben und zurück zum Ausgangspunkt. 1¾ Std.

47 Mitterberg, 1474 m

Unbekannt, aber oho!

Wer sich an Standardtouren und Auswahlführer hält, wird vom Mitterberg nichts zu lesen bekommen, weder als Sommer- noch als Winterziel. Wer aber Freude daran hat, sich seine Route anhand der Karte und der eigenen Inspiration selbst zurechtzulegen, dem wird auch der Mitterberg ins Auge springen. Der Autor ist seiner Schneeschuhwanderer-Fantasie nachgegangen und hat einen wunderbaren Schatz geborgen. Hier ist er!

Route: Neuwald-Fabrik–Mitterbergschneid–Mitterberg–Bärensattelgraben–Jausenstation Leitner

Charakter und Anforderungen: Technisch anspruchsvolle Tour, die gutes Gespür für die richtige Spuranlage verlangt. Tolle, aussichtsreiche Kammstrecke am Mitterberg. Sportlich steiler Waldabstieg vom Mitterberg-Ostgipfel und eine knifflige Passage im Bärensattelgraben. Der Transfer zum Start muss bedacht werden!

Zeit: 5¼ Std.

Höhenunterschied: 700 m

Distanz: 11 km

Start: Neuwald, ehem. Fabrik, 875 m

Besser abschnallen!

Ziel: Neuwald, Jausenstation Leitner, 926 m

Mit dem Auto: Von Wien A2 + S6 durch den Semmering nach Mürzzuschlag, B23 nach Mürzsteg, über Frein zur Abzweigung nach Neuwald, dort rechts und gleich links zum Parkplatz bei der ehem. Fabrik. Oder von St. Pölten (A1) über St. Aegyd–Gscheid–Lahnsattel nach Neuwald.

Orientierung: Größtenteils unmarkiert, guter Orientierungssinn erforderlich.

Karten: ÖK 73, 103, UTM 4211

GPS-Wegpunkte (UTM/WGS 84): Start O 538195, N 5288985. Mitterberg O 542980, N 5290705. Ziel O 541130, N 5288585.

Lawinengefahr: Bei ungünstigen Verhältnissen ist der steile Waldabstieg vom Mitterberg heikel.

Aussicht: Schneeberg, Rax, Schneealpe, Veitsch, Freiner Berge, Hochschwab, Göller, Gippel.

Einkehr unterwegs: keine

Einkehr danach: Neuwald: Jausenstation Leitner (Mo, Do, Rt), Frein: GH Freinerhof (Mi Rt)

Aufstieg:

Vom Parkplatz auf der Straße kurz talein und am Beginn der Lichtung links ab. Im Wald über den bald steileren Rücken nach Osten zu einer Forststraßengabelung. Genau nach Osten weiter und rechts um eine Kuppe in ein Tälchen. Bald darauf rechts auf den Rücken und zum Beginn der Mitter-

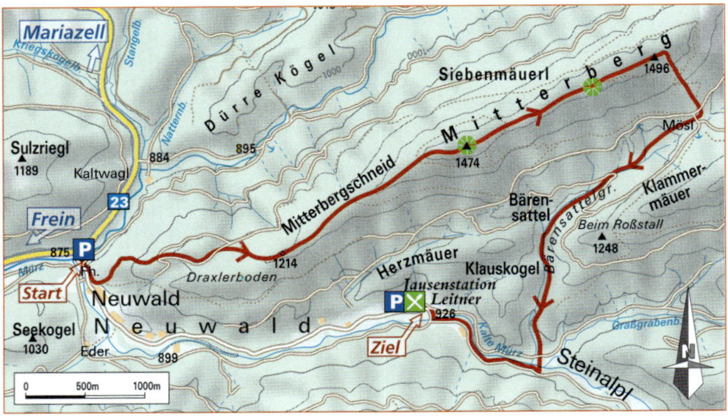

Auf der Mitterbergschneid

bergschneid, Pkt. 1214. Durch dichtere, dann wieder lichtere Waldabschnitte zunächst ohne wesentlichen Höhengewinn, dann ein längerer Anstieg auf den Westgipfel des Mitterbergs, 1474 m. 2 Std.

Nun auf dem meist stark überwechteten Kamm (Vorsicht!) den Möglichkeiten folgend längerer welliger und sehr genussvoller Übergang zum Ostgipfel, 1496 m, kleine Felsformation. ¾ Std.

Abstieg:

Gleich nach dem Gipfel rechts in die steile Waldflanke und in prächtiger Rutschfahrt tiefer. Am Rand einer freien Fläche hinab in einen weiten Sattel und zu einer Forststraße in der Nähe der Möslhütte. Direkt im Talgrund rechts weiter in den Bärensattelgraben. Dort eine Forststraße kreuzen und im teils felsigen Graben zu einer unüberwindlichen Steilstufe. Am linken Berghang kurz steil hinauf auf einen Rücken, jenseits wieder hinab in den Grabengrund und talaus zu einem Forstweg. Auf diesem zu einer Lichtung, Jagdhütte, Pkt. 947. An geeigneter Stelle durch den Grasgrabenbach (Schneeschuhe besser abnehmen) und weiter über die Schneefläche zur nahen Kalten Mürz. Auf einer kleinen Holzbrücke übers Wasser und gleich danach auf eine geräumte Forststraße. Auf dieser rechts gemütlich zur Jausenstation Leitner. 2½ Std.

48 Obersberg, 1467 m

Einfach nur rauf und runter

Beim Schneeschuhwandern geht es nicht allein um den Gipfel, sondern auch um die abwechslungsreiche Streckenführung, die auch mal Gegensteigungen beinhalten kann. Die allermeisten Tipps in diesem Buch folgen diesem Prinzip. Anders ist es beim Obersberg: Da geht's nur rauf und dann wieder nur runter. Das tut jedoch der Schönheit der Tour keinen Abbruch. Ausnahme muss sein! Und bereuen wird sie sicher niemand. Denn der schrittweise Übergang vom Bauernland über die Hochwälder und die Almflächen zum freien Gipfel begeistert garantiert. Und die 800 Höhenmeter zurück ins Tal sind bei gutem Schnee spitze.

Route: Bachlwirt–Haselecker–Obersberger–Obersberg–retour

Charakter und Anforderungen: Kompakte Tour mit längeren Anstiegen zu einer Gipfelhütte mit offenem Winterraum.

Zeit: 5 Std.

Höhenunterschied: 900 m

Distanz: 11 km

Start und Ziel: Hirschbach bei Schwarzau im Gebirge, GH Bachlwirt, 610 m

Mit dem Auto: Von Wien A2 bis Wöllersdorf, B21 durch das Piestingtal nach Gutenstein und weiter über das Klostertaler Gscheid nach Schwarzau/Gebirge. Oder von Norden über die Kalte Kuchl bzw. von Süden (S6) über Gloggnitz durch das Höllental.

Orientierung: Großteils unmarkierte und zum Teil auch weglose Abschnitte. Orientierungssinn erforderlich.

Karten: ÖK 74, UTM 4206

GPS-Wegpunkte (UTM/WGS 84): Start/Ziel O 552755, N 5294625. Obersberg, Waldfreundehütte O 549905, N 5295865.

Lawinengefahr: keine

Aussicht: Wienerwald, Unterberg, Handlesberg, Hohe Wand, Dürre Wand, Reisalpe, Hochstaff, Schneeberg, Rax, Schneealpe, Sonnleitstein, Göller, Gippel, Veitsch, Hochschwab, Ötscher, Dürrenstein, Gemeindealpe, Tirolerkogel, Türnitzer Höger, Eisenstein.

Einkehr unterwegs: Keine; offener Winterraum in der Waldfreundehütte auf dem Obersberg.

Einkehr danach: GH Bachlwirt

Aufstieg:

Bei der Straßengabelung auf dem rechten Ast Richtung Obersberg zu Fuß bis zum letzten Anwesen in einer Kehre („Feldhaas", Ende der Schneeräumung). In den Wald, bald bei einem Schild links ab und Übergang zum Haselecker. Dort nach zwei Kehren und einer Rampe zu einer Kapelle und zur Obersberger Linde. Die Angabe „Obersberg 1 Std." ist an dieser Stelle zu knapp bemessen! In Kürze hinüber zum Obersberger (Aussicht!) und rechts neben einem Zaun Beginn des langen Anstiegs. Nach der Kreuzung einer Forststraße weiter zu einer kleinen, ebenen Lichtung. Genau beim Wegweiser wieder in den Wald und eine weitere Rampe höher zu einer Aufforstung. In einem Rechtsbogen (mitunter schwer zu finden) wieder in den Wald und hinaus auf die freien Flächen

Blick vom Gipfelkreuz nach Westen

der Obersberger Alm. Durch wunderbare Waldabschnitte (Tannen, Buchen) auf den Rücken und über zunehmend lichte Flächen (Vorsicht: rechts lawinengefährlicher Steilhang) zur Waldfreundehütte. Das Gipfelkreuz befindet sich etwas weiter westlich auf einer Felskanzel. 3 Std.

Abstieg:

Beliebig in südlicher Richtung zurück zur Obersberger Alm und den Aufstiegsspuren folgend zum Ausgangspunkt. 2 Std.

Tipps und Varianten:

- Im Abstieg bei der Obersberger Linde in nordöstlicher Richtung hinunter in den Wald (einige Feuchtbereiche) bis zu einer Lichtung und auf dem Forstweg rechts zum Feldhaas-Hof.

49 Schnalzstein, 1546 m

Traumberg zwischen zwei großen Nachbarn

Der Schnalzstein ist ein typisches Beispiel dafür, dass das Schneeschuhwandern anderen Kriterien unterliegt als z. B. das Skitourengehen. Die höheren und bekannteren Nachbarberge Gippel und vor allem Göller sind an schönen Winterwochenenden total verspurt, am Schnalzstein tut sich so gut wie nichts. Als Schneeschuhwanderziel ist er aber ein heißer Tipp mit seinem gemütlichen Aufstieg, der hindernisfreien Aussicht von der weitläufigen Gipfelkuppe (Dachstein!) und den vielen Varianten für den Auf- und den Abstieg sowie im Bereich der Hofalm.

Route: Donaudörfl–Saugraben–Waldhüttsattel–Schnalzstein–retour

Charakter und Anforderungen: Genussvolle, einfachere Tour in bester Lage und mit vielen möglichen Varianten auf der Hochfläche.

Zeit: 4½ Std.

Höhenunterschied: 630 m

Distanz: 10,5 km

Im Übergang zur Gamsmauer

Start und Ziel: Donaudörfl, 922 m, Parken bei der Abzweigung von der Bundesstraße

Mit dem Auto: Von Wien A2 + S6 durch den Semmering nach Mürzzuschlag, B23 nach Mürzsteg und weiter über Frein zum Donaudörfl. Oder von St. Pölten (A1) über St. Aegyd–Gscheid–Lahnsattel zum Donaudörfl.

Orientierung: Teils unmarkierte Abschnitte, aber leicht zu finden. Oberhalb der Baumgrenze bei Nebel kritisch.

Karten: ÖK 73, UTM 4211

GPS-Wegpunkte (UTM/WGS 84): Start/Ziel O 538330, N 5291070. Schnalzstein O 540805, N 5293045.

Lawinengefahr: keine

Aussicht: Dachstein, Totes Gebirge, Gesäuse, Hochschwab, Ötscher, Göller, Gippel, Schneealpe, Veitsch, Rax, Schneeberg, Wald- und Weinviertel, Türnitzer Alpen, Gutensteiner Alpen.

Einkehr unterwegs: keine

Einkehr danach: Frein: GH Freinerhof (Mi Rt)

Aufstieg:

Auf der geräumten Zufahrt an einer Schottergrube zur Siedlung und diesseits des Stangelbachs (jenseits Wildfüt-

terung!) links zum letzten Haus am Ende der Lichtung. Zum Wald und auf einer einfachen Holzbrücke über den Bach. Auf der rot markierten Forststraße talein in den Saugraben bis Pkt. 972, dann am rechten Hang gleichmäßig ansteigend in den Waldhüttsattel (schöner Göller- und Gippel-Blick). 1½ Std.
Rechts auf der Forststraße weiter, im ersten Rechtsbogen links und kurzer, steilerer Anstieg auf den Rücken. Über diesen bei zunehmend besserer Aussicht höher, hinaus auf die Almflächen und etwas rechts ausholend zum großen Gipfelkreuz. 1¼ Std.

Abstieg wie Aufstieg, 1¾ Std.

Tipps und Varianten:

- Übergang vom Schnalzstein zur Gamsmauer, 1560 m, zuletzt etwas ausgesetzt und felsig. Ca. 100 Hm Mehraufwand.
- Abstecher vom Schnalzstein nach Süden zur Hofalmhütte und zurück über die mitunter verwehte Forststraße in den Waldhüttsattel.
- Genussvoller, steiler Abstieg vom Waldhüttsattel durch einen Graben oder etwas links in den Saugraben und weiter talaus auf dem Forstweg. Nur bei guten Schneeverhältnissen ratsam.
- Abstieg von der Forststraße, die vom Waldhüttsattel zur Hofalm führt, durch einen Graben (mitunter lawinenkritisch) zur unteren Forststraße (dort die „Winni-Brause"). Kurz auf der Forststraße abwärts, dann rechts ab in den Saugraben und weiter talaus.

50 Göller, 1766 m

Eine große Tour für die Guten

Im Winter ist der Göller fest in der Hand der Skitourengeher. An schönen Wochenenden locken im Norden und Süden zahlreiche Steilflanken und Rinnen die Besucher an. Geübte Schneeschuhwanderer dürfen sich davon nicht abschrecken lassen! Für sie bleibt genügend Platz auf weniger frequentierten Strecken, um sich ihren Göller-Anteil zu sichern. Und sie werden dabei mit landschaftlichen Eindrücken belohnt, die diese Tour zu einem echten Highlight in ihrer Sammlung werden lassen.

Route: Donaudörfl–Saugraben–Göllerhaus–Kleiner Göller (Rosskopf)–Göller–Kleiner Göller–Karlriegel–Donaudörfl

Charakter und Anforderungen: Anspruchsvolle Tour, daher nur für Routiniers. Eine knifflige Passage nach dem Kleinen Göller. Landschaftlich auf weiter Strecke Extraklasse mit tollem Abstieg.

Zeit: 6 Std.

Höhenunterschied: 1000 m

Distanz: 10 km

Start und Ziel: Donaudörfl, 922 m, Parken bei der Abzweigung von der Bundesstraße

Mit dem Auto: Von Wien A2 + S6 durch den Semmering nach Mürzzuschlag, B23 nach Mürzsteg und weiter über Frein zum Donaudörfl. Oder von St. Pölten (A1) über St. Aegyd–Gscheid–Lahnsattel zum Donaudörfl.

Orientierung: Teils unmarkierte Abschnitte, Orientierung bei Nebel erschwert und wegen der Wechtenbildung im Kammbereich auch gefährlich.

Karten: ÖK 73, UTM 4211

GPS-Wegpunkte (UTM/WGS 84): Start/Ziel O 538330, N 5291070. Göllerhaus O 538905, N 5294030. Kleiner Göller O 537860, N 5293355. Göller O 536860, N 5293470.

Lawinengefahr: Bei vernünftiger Spuranlage keine.

Aussicht: Dachstein, Totes Gebirge, Gesäuse, Hochschwab, Ötscher, Gippel, Schneealpe, Veitsch, Rax, Schneeberg, Fischbacher Alpen, Niedere Tauern, Wald- und Weinviertel, Türnitzer Alpen, Gutensteiner Alpen, Wienerwald, Wien (Uno-City, Donauturm, Millennium Tower, Kahlenberg), Tullnerfeld, St. Pölten, Mühlviertel

Einkehr unterwegs: keine

Einkehr danach: Frein: GH Freinerhof (Mi Rt)

Aufstieg:

Auf der geräumten Zufahrt an einer Schottergrube vorbei zur Siedlung und diesseits des Stangelbachs (jenseits Wildfütterung!) links zum letzten Haus am Ende der Lichtung. Zum Wald und auf einer einfachen Holzbrücke über den Bach. Auf der rot markierten Forststraße talein in den Saugraben zu Pkt. 972, Weggabel, Wegweiser. Links weiter und alsbald bei der nächsten Gabelung (Lichtung) rechts talein. Bei der folgenden Gabelung scharf links und auf der Forststraße zu einem kleinen Hochstand. Weiter durch eine schlanke Schneise, dann vor einem Graben rechts einen steileren Rücken hinauf in einen Sattel, 1270 m. Nach Norden über den Nadelwaldrücken direkt zum Göllerhaus, 1440 m. 2 Std.

Ganz schön rassig!

Nach Westen kurzer Abstieg in einen Sattel und bald über die aussichtsreiche Göllerwiese in die Latschenzone. Vorsicht: An zwei Stellen nicht zu weit links gehen! Mit einem Linksdrift auf den Kleinen Göller (kleines Kreuz, schöne Aussicht, auch auf den spektakulären Übergang zum Göller). ¾ Std.
Weiter über den zunehmend schmalen Rücken hinab zu einem Kreuz, dann den Möglichkeiten folgend (Vorsicht!) über den nun schmalen und daher mitunter heiklen, verwechteten Kamm auf eine kleine Kuppe (Geländerseil). Jenseits hinab in einen Sattel, 1630 m, und längerer, mittelsteiler Schlussanstieg (nicht zu weit links gehen!) auf die weite, plateauartige Gipfelfläche des Göllers. Der Übergang zum Gipfelkreuz ist bei Nebel schwierig (leicht rechts halten!). 1 Std.

Abstieg:
Wie beim Aufstieg zurück auf den Kleinen Göller. ¾ Std.
Nun auf der wunderschönen Schneelinie des Südostrückens (Karlriegel) abwärts bis 1400 m. Direkt nach Süden im Wald tiefer, dabei unterwegs zwei Forststraßen kreuzen. Anschließend in einem Graben weiter, einer Steilstufe muss rechts

Nach dem Göllerhaus wird's aussichtsreich

ausgewichen werden. In Donaudörfl in Kürze zurück zum Ausgangspunkt. 1½ Std.

Tipps und Varianten:

- Abstieg zurück zum Göllerhaus, weiter nach Osten ein steilerer Hang auf eine Lichtung (Talstation Materialseilbahn), dort rechts zum Wald, auf dem Rücken hinab zu einer Forststraße und auf dieser talwärts in den Saugraben und zurück ins Donaudörfl. Auch als Aufstiegsvariante möglich.

51 Wildalpe, 1523 m

Mild oder wild, wie Sie wünschen!

Die Wildalpe ist als Skitourenziel eine klassische Bekannte und als Schneeschuhwanderziel auch schon in aller Munde, aber auf individueller Route von Norden. Am Schönsten ist's für alle Winterfreunde auf dem langen Panoramarücken, der in West-Ost-Richtung über mehrere Stufen zum zahmen Gipfel dieser nur bei Schlechtwetter wilden Alpe führt. Vorteil für Schneeschuhwanderer auf der Light-Variante: Sie dürfen diesen Rücken im Nachmittagslicht nochmals erleben! Vorteil für Schneeschuhwanderer auf der Sport-Variante: Eine bei Pulver berauschende Rutschfahrt über gut 500 Höhenmeter.

Route 1: Lahnsattel–Sulzrieglalm–Wildalpe–Sulzrieglalm–Kriegskogelbach–Lahnsattel

Charakter und Anforderungen: Mittelschwierige Tour mit einigen Steilstücken, einer aussichtsreichen Kamm- und Almstrecke und einem originellen Abstieg.

Zeit: 5 Std.

Höhenunterschied: 600 m

Distanz: 11,5 km

Start und Ziel: Lahnsattel-Passhöhe, 1015 m, Parkplatz

Wind und Wetter!

Prachtwetter!

Mit dem Auto: Von Wien A2 + S6 durch den Semmering nach Mürzzuschlag, B 23 nach Mürzsteg und über Frein auf den Lahnsattel. Oder von St. Pölten (A1) über Traisen, St. Aegyd und Gscheid bzw. von Mariazell durch das Halltal.

Orientierung: Keine Markierungen, Orientierungssinn bei der Umrundung des Kriegskogels, im Abstieg von der Sulzrieglalm und bei Nebel am Höhenrücken erforderlich.

Karten: ÖK 73, UTM 4211

GPS-Wegpunkte (UTM/WGS 84): Start/Ziel O 536375, N 5291370. Sulzrieglalm O 537070, N 5289540. Wildalpe O 534145, N 5289010.

Lawinengefahr: Die Hänge nordwestlich und nördlich der Sulzrieglalm erfordern sichere Verhältnisse.

Aussicht: Schneeberg, Rax, Schneealpe, Gippel, Göller, Gemeindealpe, Ötscher, Dürrenstein, Tonion, Veitsch, Hochschwab, Gesäuse, Kräuterin, Türnitzer Alpen, Gutensteiner Alpen, Freiner Berge.

Einkehr unterwegs: keine

Einkehr danach: Frein: Freinerhof (Mi Rt)

Aufstieg:

Nach Süden mit wenigen Schritten zum Waldrand und rechts auf ebener Forststraße Richtung Wildalm. An bezeichneter Stelle links ab und Querung auf schwach ausgeprägtem, schmalem Steig, dann etwas ansteigend um den Rücken zu einer Schneise. Jenseits zu einer Forststraße und in einen Sattel südlich des Kriegskogels. Rechtsbogen zu einer weiteren Forststraße und auf dieser links, zunächst durch Wald, dann über Almflächen, zur Sulzrieglalm. 1¼ Std.

Nach Westen einen steilen Rücken etwas mühsam im Zickzack empor, dann genussvoller Übergang dem Kammverlauf folgend über die Hochalm auf die Wildalpe (zwei Sender und bald danach das Gipfelkreuz). 1½ Std.

Abstieg:

Nach Osten zurück zur Sulzrieglalm und nach Norden den freien, steileren Hang abwärts. Im zunehmend flachen Wald immer in nördlicher Richtung, zwei Forststraßen kreuzend zum Kriegskogelbach. Hinaus auf eine große Schneefläche, an ihrem linken Rand entlang, über eine Brücke („Zweiländerloipe“) und links weiter. An geeigneter Stelle wieder über den Bach und kurzer Anstieg zurück auf den Lahnsattel. 2¼ Std.

Route 2: Terz–Mandelwald–Wildalpe–Terz

Charakter und Anforderungen: Sportliche Tour mit gemütlichem Aufstieg und rassiger Abstiegsdirettissima

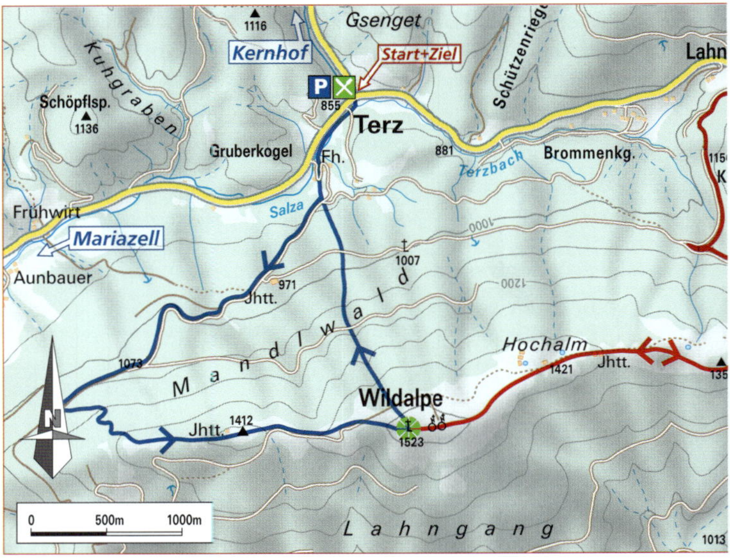

Zeit: 4 Std.

Höhenunterschied: 700 m

Distanz: 8,5 km

Start und Ziel: Terz, 855 m, GH zur Österr. Grenze, Parkplatz

Mit dem Auto: Von Wien A2 + S6 durch den Semmering nach Mürzzuschlag, B 23 nach Mürzsteg und über Frein und den Lahnsattel nach Terz. Oder von St. Pölten (A1) über Traisen, St. Aegyd und Gscheid bzw. von Mariazell durch das Halltal.

Orientierung: Keine Markierungen, Orientierungssinn erforderlich.

Karten: ÖK 73, UTM 4211

GPS-Wegpunkte (UTM/WGS 84): Start/Ziel O 533755, N 5291165. Wildalpe O 534145, N 5289010.

Lawinengefahr: Der Abstiegsgraben ist bei sehr ungünstigen Verhältnissen kritisch.

Aussicht: siehe Route 1

Einkehr unterwegs: keine

Einkehr danach: Terz: GH zur Österr. Grenze, Frein: Freinerhof (Mi Rt).

Aufstieg:

Auf der Bundesstraße Richtung Mariazell über zwei Brücken, dann am Waldrand links ab über die Salza. In der folgenden Kehre (Auffahrt zu einem Forsthaus) gerade weiter genau nach Süden und über die Lichtung ansteigend zum Wald und auf eine Forststraße. Auf dieser längere Zeit gemütlich ansteigend vorbei an einer Einmündung (in der Nähe Jagdhütte, Pkt. 971), dann bei einer Gabelung auf dem linken Ast und zu einer Lichtung mit Hütte, Pkt. 1073. 1 Std.
Weiter auf dem Waldweg nach Westen (oberhalb dichter Wald), bis sich scharf links die Möglichkeit bietet, auf einem Weg anzusteigen. Dann über einen Schlag bzw. im lichten Wald auf den Bergrücken der Wildalpe und nach Osten sanfter ansteigend zu einer Jagdhütte vor Pkt. 1412. Nach einer seichten Einsattelung deutlicher ansteigend (evtl. Wechten nach Süden, Aussicht) zum Gipfelkreuz der Wildalpe. 1½ Std.

Abstieg:

Vom Gipfelkreuz nach Norden zum Wald und an der linken Waldkante entlang tiefer. Weiter abwärts in den Wald hinein, wo sich ein zunehmend steiler Graben ausbildet. In diesen in genussvoll-sportlicher Rutschfahrt (besonders schön bei Pulver) abwärts zu einer kreuzenden Forststraße, 1180 m. Im Graben weiter, bis er sich verliert, und durch eine lichte Schneise flacher zu einer Forststraße, 980 m. Weiter nach Norden links neben einem seichten Graben zur vom Aufstieg bekannten Lichtung, in Kürze zurück zur Salza und rechts zum Ausgangspunkt. 1½ Std.

Tipps und Varianten:

- Auf der Light-Variante kurzer Abstecher zum Sulzriegl, 1189 m.
- Anstiegsmöglichkeit auch von Frein über Forststraßen zur Sulzrieglalm, teils viel begangenen Skitouren-Aufstiegsspuren folgend (nicht zertrampeln!).

52 Hohe Student, 1539 m

Oben ist's einfach super!

Die Hohe Student muss man sich verdienen. Einige steilere Abschnitte haben ihren Schweiß-Preis, der Plateaubereich entschädigt dafür mit landschaftlicher Schönheit, die alles andere in den Schatten stellt. Eine tolle Aussicht rundherum und kleinere Lichtungen mit knorrigen, moosbewachsenen Bergahornen, wie sie urwüchsiger nicht sein könnten. Allein dieser Bäume wegen zahlt sich die Tour aus!

Route: Halltal-Straße–Hönbichler–Haselspitz–Hohe Student–Ochsenhalterstein–Buchalpenboden–Halltal-Straße

Charakter und Anforderungen: Prächtige Runde in einer auf der Hochfläche unvergleichlich schönen Landschaft. Technisch nicht schwierig, aber recht lang und mit größerem Höhenunterschied.

Zeit: 6 Std.

Höhenunterschied: 900 m

Distanz: 13,5 km

Ein schöner Tag!

Start und Ziel: B 21, oberes Halltal, Abzweigung zum Hönbichler, Parken bei einem Anwesen östlich auf der gegenüber liegenden Straßenseite, ca. 800 m.

Mit dem Auto: Von Wien A2 + S6 durch den Semmering nach Mürzzuschlag, B23 nach Mürzsteg und über den Lahnsattel ins Halltal. Oder von St. Pölten (A1) über Traisen, St. Aegyd und Gscheid bzw. von Mariazell ins Halltal.

Orientierung: Großteils unmarkierte Abschnitte, im Gipfelbereich bei Nebel rasch kritisch.

Karten: ÖK 73, 103, UTM 4211

GPS-Wegpunkte (UTM/WGS 84): Start/Ziel O 529730, N 5290085. Hohe Student O 529555, N 5287185.

Lawinengefahr: keine

Aussicht: Zellerhüte, Gemeindealpe, Ötscher, Dürrenstein, Gippel, Tonion, Veitsch, Hochschwab, Gesäuse,

Kräuterin, Erlaufsee, Mariazell, Freiner Berge, Schneealpe, Rax, Schneeberg, Türnitzer Alpen, Gutensteiner Alpen

Einkehr unterwegs: keine

Einkehr danach: Frein: GH Freinerhof (Mi Rt)

Aufstieg:

Auf der Straße kurz flussabwärts und links auf der Zufahrt zum Hönbichler. Dort rechts, an einem Zaun entlang nach Süden, vorbei an einem verfallenen Haus und in den Wald. Im Graben aufwärts bis zu einer Forststraße. Auf dieser kurz rechts und links über den Rücken höher, bis er sich aufsteilt. Dort in westlicher Richtung zu einer nahen Lichtung, diese längs überqueren und am jenseitigen Waldrand auf einem Weg weiter zur Einmündung in den rot markierten Anstieg von Halltal. 1¼ Std.

Steiler aufwärts Richtung Student, und auf dem teils mit Lichtungen durchsetzten Rücken zu einer Kehre, 1300 m. Auf der Forststraße um das Hochkampl herum und an bezeichneter Stelle links zur Student. Bald von den Markierungen links ab und steiler im lichten Wald auf das Hochkampl. In südöstlicher Richtung hinüber auf den Haselspitz (großes Kreuz) und weiter zur Hohen Student, wobei unterwegs eine weitere Kuppe überschritten wird. Auf der Hohen Student nur ein bescheidenes, kleines Holzkreuz. 1¾ Std.

Ein schöner Aufstieg

Abstieg:

Panoramischer Übergang über die Leirerböden zum Ochsenhalterstein. Dort nach rechts kurzer Abstieg zu zwei Hütten auf einer Almfläche. In südlicher Richtung ans Ende der

Lichtung, hinunter zu einer Forststraße, diese kreuzen und etwas steiler weiter auf einen traumhaften Boden mit vielen solitär stehenden knorrigen Bäumen. Rechts über mehrere Böden zunächst sanft, dann kurz etwas steiler in einen weiten Sattel (Buchalpenboden). 1 Std.
Kurzer Anstieg nach Norden zu einer Forststraße, auf dieser links, zunächst kurz ansteigend, dann fallend bis an den Rand der Turmmauer. Weiter vorbei an der Teufelsgrube (in Wirklichkeit mehrere Gruben, schwer zu sagen, welche diabolisch ist!), in nördlicher Richtung über eine ebene Schneefläche, zurück zur roten Markierung und den Aufstiegsspuren folgend zurück zum Ausgangspunkt. 2 Std.

Tipps und Varianten:

- Markierter Aufstieg von Halltal.
- Von der Hohen Student nach Süden zur Studentalm und auf einem Waldweg zu einer Forststraße. Kürzer, aber gerade der schönste Abschnitt wird ausgelassen!
- Rassiger Abstieg zum Hönbichler: Vom Rücken bei einem Eck (1260 m, Forststraße) rechts ab auf den Forstweg und kurze Querung zu einem Boden. Links in den Wald und in einem weiten Linksbogen zu einer einsamen, kleinen Holzfällerhütte am Beginn eines Grabens. Durch diesen (besser im linken der beiden Äste) steiler Abstieg zurück zum Ausgangspunkt.

53 Tonion, 1699 m

Für jeden Geschmack das Richtige!

Der Kalkstock der Tonion ist ein Gebirge für sich. Mit einem Hauptgipfel, der die Aufmerksamkeit aller auf sich zieht, und vielen weiteren landschaftlichen Attraktionen. Für den Schneeschuhwanderer bieten sich vielfältige Möglichkeiten, je nach Lust und Können – von der einfachen Gipfeltour bis hin zu Varianten für den konditionsstarken Langzeit-Genießer. Das hoch gelegene Niederalpl ist idealer Ausgangspunkt für alle Tonion-Aspiranten, aber auch für Touren auf zahlreiche andere lohnende Alm- und Gipfelziele in diesem Gebiet.

Route: Niederalpl–Herrenboden–Hochschnäbeltörl–Tonion–Niederalpl

Charakter und Anforderungen: Landschaftlich einmalig schöne Hochflächen, zwei kurze steilere Abschnitte. Zahlreiche zum Teil schwierige Varianten und eigenständige Touren möglich (siehe unten).

Zeit: 7 Std.

Höhenunterschied: 1100 m

Distanz: 14 km

Blick zum Hochschwab

Start und Ziel: Niederalpl-Passhöhe, 1221 m, Parkplätze, Ketten mitnehmen!

Mit dem Auto: Von Wien A2 + S6 durch den Semmering nach Mürzzuschlag, B23 nach Mürzsteg und aufs Niederalpl. Oder über Mariazell und Wegscheid aufs Niederalpl.

Orientierung: Oberhalb der Baumgrenze bei Nebel rasch kritisch.

Karten: ÖK 103, UTM 4211

GPS-Wegpunkte (UTM/WGS 84): Start/Ziel O 528590, N 5280970. Tonion O 528435, N 5284490.

Lawinengefahr: Auf der „Normalroute" keine.

Aussicht: Freiner Berge, Veitsch, Stuhleck, Schneealpe, Gippel, Göller, Gemeindealpe, Zellerhüte, Ötscher, Dürrenstein, Hochschwab, Gesäuse, Totes Gebirge (Großer Priel), Hochkar, Türnitzer Alpen, Gutensteiner Alpen, Mariazell.

Einkehr unterwegs: keine.

Einkehr danach: Niederalpl: GH Plodererhof, Neuberg/Mürz: GH Holzer (Di, Mi Rt), GH Anni Holzer (Mo Rt).

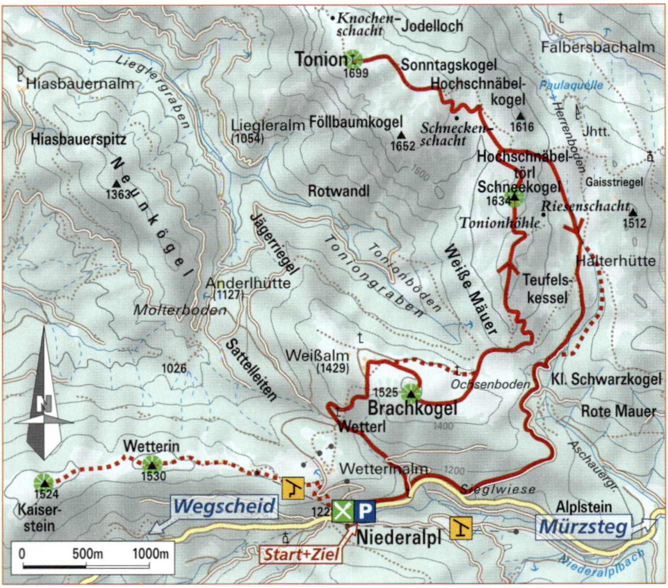

Aufstieg:

Vom Niederalpl auf der Straße kurz Richtung Mürzsteg und links durch einen Graben (Piste) steil zum Wetterl. Rechts (rote Markierung) am Bergrücken aufwärts (Aussicht) zu den verträumten Hütten der Weißalm. 1 Std.

Über den Brachkogel (oder nördlich an ihm entlang) zum Ochsenboden. Vom nordöstlichen Waldrand weg der Markierung folgend Waldquerung (nicht leicht zu finden) zu einem Eck. Bald danach links ab in nordwestlicher Richtung durch lichteren Wald steil und mühsam auf den Bergrücken und einen ersten Gipfel. 1½ Std.

Dann aussichtsreiche, herrliche Überschreitung nach Norden zum Schneekogel. Leicht links haltend, unterhalb des Hochschnäbeltörls fallende Querung in eine Senke. Jenseits den Möglichkeiten folgend zwischen Dolinen steiler auf eine Anhöhe, um den Sonntagskogel herum und hinüber zum höchsten Punkt (Kreuz). 2 Std.

Abstieg:

Zurück zum Hochschnäbeltörl und in diesen engen Felsdurchschlupf hinauf. Jenseits hinab auf den idyllischen Herrenboden und über diesen in südlicher Richtung zu einer Jagdhütte. Weiter nach Süden, dann im Wald ein steilerer Abschnitt in einen Graben und zu einer Forststraße. Auf dieser bis zu einer Gabelung. Die Markierung verlassend dem rechten Ast folgen, um einen Bergrücken und hinaus zur Passstraße. Auf dieser rechts zurück aufs Niederalpl. 2½ Std.

Abstieg durch den engen Graben

Tipps und Varianten:

- Die Querung vom Hochschnäbeltörl die rote Markierung entlang in einen weiteren Sattel, von wo es hinauf geht Richtung Sonntagskogel, ist möglich, mit Schneeschuhen aber unangenehm.
- Auf dem Rückweg bei der Jagdhütte auf dem Herrenboden links vorbei und in einem sich ausbildenden Graben mit wildromantischen Abschnitten (Achtung auf Schneerutsche) bis zu einer unüberwindlichen Felsstufe. Links auf einen Rücken ausweichen, jenseits hinunter zu einer Forststraße und auf dieser mit der roten Markierung weiter.
- Wetterin, 1530 m, und Kaiserstein: Kurze, eigenständige und wegen der Aussicht herrliche Tour vom Niederalpl. Zunächst den Sessellift entlang, dann auf dem teils verwechteten Kamm auf die Wetterin und weiter über einen Sattel auf die vorgeschobene Kanzel des Kaisersteins.

Ybbstaler Alpen

Die Ybbstaler Alpen, von Frühjahr bis Herbst ein Wanderparadies, im Winter Ski- und Skitouren-Attraktion, können natürlich auch mit tollen Schneeschuhwandertipps auftrumpfen.

Der Ötscher, 1893 m, kommt mit Sessellift-Hilfe durchaus in Frage, das ultimative Schneeschuhwander-Feeling wird er aber angesichts der starken Ski-Erschließung sicher nicht vermitteln.

Der Dürrenstein, 1878 m, ist auf der Hochfläche sicher ein Traum, der Zugang aber eher ein Albtraum: zu lang oder zu steil oder zu lawinengefährdet oder gemixt.

Das Hochkar, 1808 m, ist leicht erreichbar und bietet – kaum zu glauben – brauchbare Bedingungen zum Schneeschuhwandern, z. B. auf der Runde Hochkar-Schutzhaus–Blachlboden–Schrottleitnerhütte–Schmalzmauer–Leckerplan–Hochkar-Schutzhaus. Die Nähe zum Liftbetrieb sollte dabei aber nicht darüber hinwegtäuschen, dass man abseits vom Pistentrubel schnell auf sich allein gestellt ist und dort gute Sicht und Orientierungssinn gefragt sind.

Eine großzügige Tour bildet ab der Schmalzmauer der Streckenverlauf Heuwies–Riegelau-Jagdhütte–Hochwurz–Forststraße über Sattelforstalm nach Lassing (mit zu lösendem Transferproblem).

Weitere empfehlenswerte Touren:

Zwieselberg, 1463 m
Von Neuhaus wie bei Tour 59 Richtung Jägertalhöhe und auf einer Lichtung, 1080 m, nach Norden durch ein Tälchen zur Möserhütte. Nach Westen anfangs sanft, dann steiler ansteigend auf den Bergrücken und rechtshaltend zum Vorgipfel, 1437 m. Nach Norden in einen Sattel und Schlussanstieg über eine Lichtung zum höchsten Punkt. Abstieg wie Aufstieg.

Kräuterin/Hochstadl, 1919 m
Der höchste Gipfel der Ybbstaler Alpen, lohnend, aber lang! Anfahrt von Mariazell/Gusswerk durch das Salzatal nach Dürradmer, 808 m.
Route: Fangbrücken–Kräuterinhütte–Hochstadl–retour. (Strecke entspricht der Skitour.) Im Frühjahr bei freier Zufahrt bis Parkplatz Nappenbachklause entsprechend verkürzte Tour.

Königsberg/Schwarzkogel, 1452 m
Höhenzug zwischen Göstling und Hollenstein.
Auffahrt von Göstling durch den Scheitergraben zum Kurzeck-Hof, 1020 m.
Route: Kurzeck–Ebnerbrand–Siebenhütten–Schwarzkogel–retour.

Friesling, 1340 m
Ein echter Nobody!
Auffahrt von Opponitz oder Kogelsbach zur Großen Kripp, 696 m.
Route: Große Kripp–Forststraße nach Süden, dann nach Norden zu Pkt. 1065–weiter über Pkt. 1200 auf den Friesling–retour.

Schnell runter von der Kräuterin

Prochenberg, 1123 m
Hausberg von Ybbsitz.
Auffahrt von Ybbsitz zum Haselsteinhof, 642 m.
Route: Entweder östlich um die Haselsteinwand herum oder westlich durchgehend auf der Forststraße (eine Kehre) zum Prochenberg, Aussichtswarte, Prochenberghütte (im Winter Selbstversorgung).

Egger Berg, 1134 m
Noch so ein „Kenn-ich-nicht-Berg".
Anfahrt von Gaming nach Bodingbach, 662 m.
Route: Bodingbach–Wallerbach–Grub–Egger Berg–retour.

54 Rainstock, 1296 m

Ein Aussichtsriese, den kaum einer kennt

Es muss nicht immer der höchste sein: Auf dem Ötscher der Skirummel – auf dem Rainstock die Winterruhe. Ein Berg, den nur die Einheimischen kennen, den die Schneeschuhwanderer aber für sich entdecken müssen, weil es sich tatsächlich Schritt für Schritt lohnt, durch seine Wälder auf die baumfreie Gipfelkuppe zu steigen und den Tag in vollen Züge zu genießen.

Route: Lackenhof–Kesselgraben–Steingrabenkreuz–Rainstock–Leitnerwald–Lackenhof

Charakter und Anforderungen: Einfachere waldreiche Runde mit hautnahem Ötscher-Bezug.

Zeit: 4¾ Std.

Höhenunterschied: 530 m

Distanz: 10,5 km

Start und Ziel: Lackenhof, 820 m, Parkplatz beim GH Sonnenhof

Mit dem Auto: Von Ybbs (A1) B25 über Scheibbs und Gaming nach Lackenhof.

Orientierung: Auf längeren Strecken unmarkierte Abschnitte, Orientierungssinn erforderlich.

Karten: ÖK 72, UTM 4204

GPS-Wegpunkte (UTM/WGS 84): Start/Ziel O 511335, N 5301860. Rainstock O 510850, N 5305435.

Lawinengefahr: keine

Aussicht: Most-, Wald- und Weinviertel, Ötscher, Dürrenstein, Voralpe, Gamsstein, Türnitzer Alpen, Gippel, Göller, Schneeberg, Rax, Schneealpe, Veitsch, Hochschwab, Gesäuse, Totes Gebirge.

Einkehr unterwegs: keine

Einkehr danach: Lackenhof: Hotel Kirchenwirt, Grubberg: GH Grubbergwirt.

Verträumtes Lackenhof

Aufstieg:

Auf der Straße den roten Markierungen folgend zum Waldrand und links auf geräumtem Winterwanderweg zum Kesselgraben. Bei einer Gabelung auf dem rechten Ast auf einem im oberen Abschnitt nicht mehr geräumten Forstweg zum Steingrabenkreuz, 1024 m. Dort zweigen nach links zwei Wege ab. Links von beiden auf einem zunächst schwach ausgeprägten Rücken höher (ab hier unmarkiert) in einen Sattel (1110 m, Ausblicke nach Osten). Weiter über einen gelichteten Bereich zu einem Forstweg und auf diesem zu einem Hochstand. Dort links ab in genau westlicher Richtung höher, hinaus auf das weitläufige Gipfelplateau und Übergang nach Nordwesten zum Gipfelbaum (kleines Kreuz, Schild). 2¾ Std.

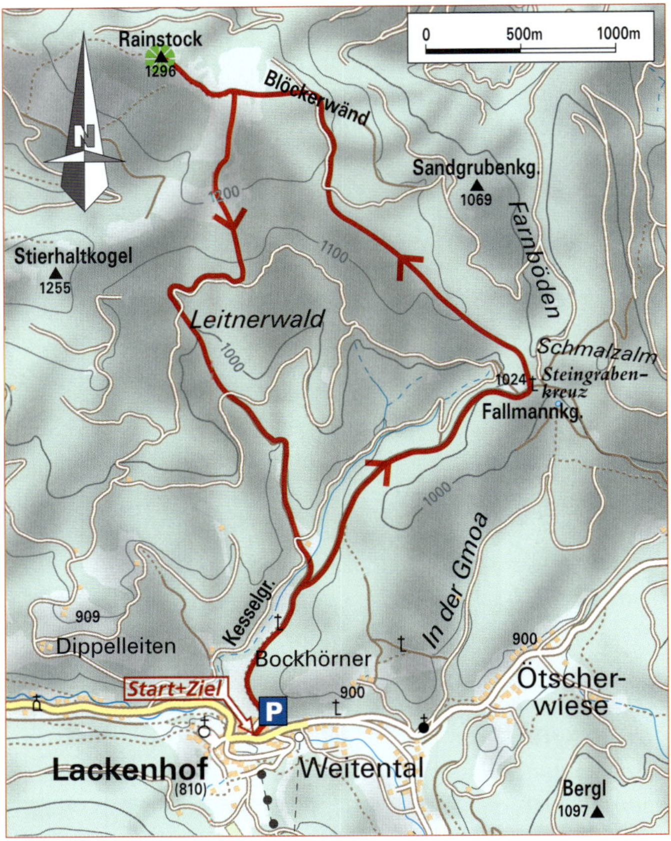

Abstieg:
Zurück auf die große Lichtung, rechts hinaus an den Waldrand (bester Aussichtsplatz) und in südlicher Richtung über die große Rodungsfläche zu einem ersten auffallenden Hochstand. Links über den Zaun, zwischen zwei knorrigen Buchen durch und im Wald hinunter zu einer Forststraße, 1180 m. Auf dieser rechts und nach einer scharfen Linkskurve im Graben in südlicher Richtung abwärts. Auf einem Forstweg zu einer schönen Lichtung (Jagdhaus). Neben einer Loipe über eine Brücke zum Winterwanderweg und auf diesem zurück zum Ausgangspunkt. 2 Std.

55 Breimauer, 1489 m

Prädikat „Besonders wertvoll"

Wer kennt schon die Breimauer! Den Übergang vom Ötscher zur Gemeindealpe kennen alle, aber dass auf der Strecke eine Breimauer steht? Dabei ist gerade sie für Schneeschuhwanderer ein großer Hit mit dem Zeug zum Klassiker! Eine technisch leichte Rundtour in einer makellos-friedlichen Winterlandschaft mit schönen Wäldern und weiten Almflächen, wo der Aussichtsgenuss lang anhält. Hier passt einfach alles zusammen, hier fühlt sich der Schneeschuhwanderer so richtig in seinem Element!

Route: Taschelbach–Höchbauer–Breimauer–Feldwiesalm–Taschelbach

Charakter und Anforderungen: Einfache, besonders aussichtsreiche Tour mit längerer Höhenwanderung.

Zeit: 3½ Std.

Höhenunterschied: 450 m

Distanz: 8,5 km

Blick zum Ötscher

Start und Ziel: Taschelbach, 1052 m, bescheidene Parkmöglichkeit an der Straße bzw. kurz nach der Abzweigung zur Feldwiesalm

Mit dem Auto: Von Mürzzuschlag (S6) bzw. von St. Pölten (A1) nach Mariazell und über den Zellerrain nach Taschelbach. Oder von Ybbs (A1) über Scheibbs und Gaming und auf der B71 nach Taschelbach (Ketten mitnehmen).

Orientierung: Teils unmarkierte Abschnitte, Orientierungssinn erforderlich. Bei Nebel rasch kritisch.

Karten: ÖK 72, UTM 4204

GPS-Wegpunkte (UTM/WGS 84): Start/Ziel O 514940, N 5293520. Breimauer O 515850, N 5296085.

Lawinengefahr: keine

Aussicht: Schneeberg, Rax, Schneealpe, Veitsch, Türnitzer Alpen, Gutensteiner Alpen, Mürzsteger Alpen, gesamter

In Taschelbach

Hochschwab- und Gesäuse-Gipfelreigen, Gippel, Göller, Tonion, Zellerhüte, Kräuterin, Ötscher, Dürrenstein, Hochkar, Eisenerzer Alpen.

Einkehr unterwegs: keine

Einkehr danach: GH Zellerrain (Di Rt), Langau: Landgasthof Taverne.

Aufstieg:

Auf der Straße (Pkt. 1052, bei der rot markierten Abzweigung zur Feldwiesalm) zunächst kurz nach Osten Richtung Zellerrain, dann links ab weglos über die Wiesenfläche und einer einfachen Mastenreihe folgend in den Wald. In einem schwach ausgeprägten Tälchen zu einer Lichtung (Hof) und weiter zu einer Jagdhütte. Rechts kurzer, steiler Anstieg zum Höchbauern (Aussicht!). In östlicher Richtung am Rand einer Aufforstung in einen Sattel (rechts die verfallene Brunnsteinalm). In nördlicher Richtung eine Tannenreihe entlang auf eine Anhöhe (Beginn der Höhenwanderung). Immer in allgemein nördlicher Richtung auf dem stumpfen Rücken, mal im Wald, mal über Lichtungen dahin. Dann nach links abdriften und an der Geländekante entlang auf die Breimauer.

Achtung auf Wechten nach Norden, nicht rechts vom Zaun gehen! 2 Std.

Abstieg:
In westlicher Richtung hinunter zur Feldwiesalm. Dort linkshaltend am Waldrand um den Schwarzkogel herum und in südlicher Richtung in leichtem Auf und Ab (die Forststraße ist im Winter meist nicht auszumachen) auf eine Schwelle zwischen Pfalzlkogel und Rosskesselspitze. Kurz auf der Forststraße zu einem markanten Rechtsknick und an bezeichneter Stelle links ab Richtung Taschelbach. Der Weg ist zunächst nur schwach ausgeprägt und folgt dem Verlauf der Forststraße. Dann nach einem flacheren ein etwas steilerer Abschnitt, dann wieder gemütlich im Nadelhochwald dahin. Im Grabengrund bald zu den ersten Häusern von Taschelbach und zurück zum Ausgangspunkt. 1½ Std.

Tipps und Varianten:

- Übergang von der Brunnsteinalm zum Eisernen Herrgott westlich der Gemeindealpe und nach links über den Waldrücken zur Breimauer.
- Ausgangspunkt Zellerrain: Auf der Forststraße zum Höchbauern und weiter wie oben. Beim Rückweg von Taschelbach rechts der Straße über die Schneeflächen, zuletzt etwas steiler zurück zur Passhöhe.
- Für Konditionsstarke Kombinationsmöglichkeit mit Tour 56 auf die Gemeindealpe.

56 Gemeindealpe, 1626 m

Von A bis Z landschaftlich prächtig

Vom Zellerrain gibt es neben der gemütlichen Tour auf die Breimauer (siehe S. 227) auch eine sportliche Gipfeloption auf die Gemeindealpe. Die Linie ist klar vorgegeben und verlockend, der Erfolg hängt außer vom gehtechnischen Können auch von der Beschaffenheit des Wechtenkamms östlich des Eisernen Herrgotts ab. Vorsicht ist dort immer geboten, Aussicht gibts beim Übergang auf die Gemeindealpe, wo auch eine bewirtschaftete Hütte wartet, im Überfluss.

Route: Zellerrain–Brunnsteinalm–Eiserner Herrgott–Gemeindealpe/Terzen Haus–retour

Charakter und Anforderungen: Sehr abwechslungsreiche Tour, die alle Facetten des Schneeschuhwanderns – von beschaulich bis sportlich – abdeckt. Daher nur etwas für Routiniers.

Zeit: 4¼ Std.

Höhenunterschied: 650 m

Distanz: 10,5 km

Start und Ziel: Zellerrain-Passhöhe, Gasthaus, Parkplätze, 1121 m

Mit dem Auto: Von Mürzzuschlag (S6) bzw. von St. Pölten (A1) nach Mariazell und auf den Zellerrain. Oder von Ybbs (A1) über Scheibbs und Gaming und auf der B71 auf den Zellerrain (Ketten mitnehmen).

Orientierung: Trotz Sommermarkierung schwierig, daher abschnittsweise guter Orientierungssinn erforderlich. Bei Nebel kritisch.

Karten: ÖK 72, UTM 4204

GPS-Wegpunkte (UTM/WGS 84): Start/Ziel O 516115, N 5293160. Eiserner Herrgott O 517065, N 5295650. Gemeindealpe/Terzer Haus O 518580, N 5295420.

Lawinengefahr: Bei vernünftiger Spuranlage keine.

Aussicht: Schneeberg, Rax, Schneealpe, Veitsch, Türnitzer Alpen, Gutensteiner Alpen, Mürzsteger Alpen, Hochschwab, Gesäuse, Göller, Tonion, Zellerhüte, Kräuterin, Ötscher, Dürrenstein, Hochkar, Eisenerzer Alpen.

Einkehr unterwegs: Terzer Haus, 1626 m, auf dem Gipfel der Gemeindealpe, offen bei Liftbetrieb.

Einkehr danach: GH Zellerrain (Di Rt)

Aufstieg:

Nach dem Gasthaus auf einer Forststraße (rote Markierung) gemütlich ansteigend im Wald auf eine schöne Lichtung mit einem Anwesen (Höchbauer, Aussicht!). In östlicher Richtung am Rand einer Aufforstung steiler ansteigen, dann im Wald in einen Sattel (rechts die verfallene Brunnsteinalm). Östlich um die Kuppe Pkt. 1409 herum auf einer ebenen Forststraße in allgemein nordöstlicher Richtung durch Wald, dann über Lichtungen sanft ansteigend auf eine Anhöhe, 1468 m (Hütte, Kreuz „Eiserner Herrgott", Aussicht).

Überwechteter Bergkamm

Ab hier deutlich anspruchsvolleres Gelände: Nach Osten über den teils schmalen, verwechteten Kamm (Vorsicht!) in einen Sattel, 1420 m, und Gegenanstieg zum Pkt. 1462. Auf dem ab hier wieder gutmütigeren breiteren Rücken zunächst flach, dann deutlicher ansteigend in engen Kehren (nicht zu weit nach rechts!) höher. Der Rücken ist im oberen Teil mitunter schneefrei abgeblasen. Zuletzt über die weitläufige Gipfelkuppe an einer mächtigen Postrichtfunkstelle rechts vorbei zum Terzer Haus links der Bergstation des Sessellifts. 2½ Std.

Abstieg:
Wie Aufstieg bis zum Sattel, aus dem es rechts zum Höchbauern runtergeht. Dort gerade weiter, nach Süden sanft ansteigend über die verfallene Brunnsteinalm. Östlich vorbei am Pkt. 1407. Dann nach Südwesten abdriften in den anfangs flachen Wald und an geeigneter Stelle (rechts sperrende Felsen) in schöner Rutschfahrt hinab zu einer kreuzenden Forststraße. Weiter abwärts zur nächsten Forststraße und rechts zurück zum Ausgangspunkt. 1¾ Std.

Tipps und Varianten:

- Für Konditionsstarke Kombinationsmöglichkeit mit Tour 55 auf die Breimauer.

57 Oischingkogel, 1606 m

Nicht berühmt, aber großartig!

Die Zellerhüte sind allseits bekannt, aber dass einer der Hauptgipfel Oischingkogel heißt, fällt kaum jemandem auf. Dieser östlichste „Hut" bietet sehr guten Schneeschuhwandern eine landschaftlich und gehtechnisch vorzügliche Herausforderung, die sie sich nicht entgehen lassen sollten, aber auch ehrlich verdienen müssen.

Route: Sigmundsberg–Farnboden–Feldhüttl–Oischingkogel–Feldhüttl–Köckensattel–Sigmundsberg

Charakter und Anforderungen: Konditionell und gehtechnisch anspruchsvolle Tour mit sehr eindrucksvoll verwechteten Passagen. Sehr steiler Schlussabstieg, der nur bei hoher Schneelage empfehlenswert ist und Geschick im Anlegen der „besten Spur" erfordert (ansonsten eine der beiden Varianten wählen).

Zeit: 6 Std.

Höhenunterschied: 1050 m

Distanz: 11 km

Start und Ziel: Jugend- und Familiengästehaus Sigmundsberg, Parkplätze, 800 m

Mit dem Auto: Von St. Pölten (A1) B 20 über Annaberg nach Mariazell. Kurz Richtung Gusswerk nach Rasing und direkt vor der Brücke rechts abzweigen zum JGH Sigmundsberg. Zunächst flach neben der Salza, dann unter der Bahn durch und steile Auffahrt zum großen Parkplatz.

Orientierung: Guter Orientierungssinn erforderlich.

Karten: ÖK 72, UTM 4204

GPS-Wegpunkte (UTM/WGS 84): Start/Ziel O 522820, N 5289330. Farnboden O 520060, N 5289585. Oischingkogel O 518260, N 5288770.

Lawinengefahr: Heikle Passagen ab dem Sattel nach dem Feldhüttl und im steilen Waldfinish runter nach Sigmundsberg.

Aussicht: Ötscher, Gemeindealpe, Türnitzer Alpen, Dürrenstein, Schneeberg, Rax, Gippel, Göller, Veitsch, Hochschwab.

Mit Blick nach Mariazell

Einkehr unterwegs: keine
Einkehr danach: Gastronomie in Mariazell

Aufstieg:
Vom oberen Parkplatz nach Norden ansteigend weiter auf der Forststraße und bald ins Pistengelände. Dieses überqueren und im flacheren Gelände zwischen Lichtungen hindurch zur Einmündung in eine rot markierte Forststraße. Mit dieser weiter in einen Graben. Dort jenseits des Grabens auf den Waldrücken hinauf und in südwestlicher Richtung, zunächst steil, dann flacher, zur Kehre eines Waldweges. Kurz rechts, dann in die folgende Mulde links ab und die Richtung beibehaltend hinaus auf den idyllischen Farnboden. 1½ Std.
Am südlichen Rand der Lichtung der roten Markierung folgend in einen seichten Sattel hinauf und jenseits in einem weiten Rechtsbogen an den oberen Rand des Ochsenbodens hinab und rechts in den Sattel. Nun links über den scharfen Waldrücken direkt hinauf auf das felsige Feldhüttl, 1434 m (nicht versuchen, mit der Markierung rechts um den Gipfel herumzugehen!). Vom höchsten Punkt kurzer Abstieg in den folgenden Sattel zum Beginn der Schlüsselstelle des Anstiegs: ein sehr steiler, lichter Aufschwung, der „direkt" genommen werden muss. Dann über die mitunter stark verwechtete Schneide zu einem breiten, baumfreien Rücken (Vorsicht, große Wechten nach Süden) und hinauf auf den Oischingkogel. 2 Std.

Abstieg:
Wie Aufstieg zurück zum Sattel nördlich des Ochsenbodens. Nun den Ochsenboden nach Süden hinab, dann auf der rot markierten Forststraße nach Osten in den oberen Oischinggraben und eben weiter in den Köckensattel, 1092 m. Rechts am Waldhang weiter: langwieriger, sanfter Anstieg auf einen flachen Rücken, 1180 m. Dort nach Osten weiter und bald über den steilen Rücken nach Nordosten tiefer. Auf 1050 m nach rechts abdriften und nach Südosten (rechts ein markanter Graben) weiterhin sehr steil im Wald abrutschen zu einem Forstweg, 860 m. Auf diesem zurück zum nahen Ausgangspunkt. 2½ Std.

Tipps und Varianten:

- Kürzerer Abstieg: Vom Köckensattel nach Nordosten im Graben abwärts und wie beim Aufstieg in der Gegenrichtung zurück zum Start.
- Nach dem Beginn des steilen Schlussabstiegs im Wald nach Norden hinab zum oberen Rand der Piste, diese runter und rechts wie beim Aufstieg zurück zum Start.
- Kombination mit Tour 58 auf den Vorderen Zellerhut. Übergang zwischen Oischingkogel und Vorderem Zellerhut einfach, lediglich die letzten Meter zum Vorderen Zellerhut sind schmal und erfordern einen sicheren Tritt. Transfers zurück zum Ausgangspunkt bedenken.

58 Vorderer Zellerhut, 1629 m

Landschaftlich echt super

Wer wissen will, warum Schneeschuhwandern schön ist und wo die Vorzüge dieser Winteraktivität liegen, der soll einmal den Übergang zwischen Pötschberg und Vorderem Zellerhut begehen. Mehr braucht es nicht! Allerdings will dieser Wegabschnitt verdient sein, denn erst nach fast 800 Höhenmetern Aufstieg beginnt der reine Schneeschuhwandergenuss. Und Spezialisten sei gesagt: Die lange Rutschfahrt zurück ins Tal ist ein Finale vom Feinsten!

Route: Franzbauer–Nutzalm–Pötschberg–Vorderer Zellerhut–Pötschberg–Franzbauer

Charakter und Anforderungen: Sehr schöne Panoramastrecke zwischen Pötschberg und Vorderem Zellerhut. Technisch keine allzu schwierigen Passagen, aber anhaltend steiler Zustieg zum Pötschberg. Einige Stellen erfordern gute Spuranlage. Großer Gesamthöhenunterschied und eine lange, sportliche Rutschfahrt ins Tal!

Zeit: 5¾ Std.

Höhenunterschied: 1000 m

Gegenanstieg zum Pötschberg

Distanz: 9 km

Start und Ziel: Salzatal, GH Franzbauer (Greifensteiner), 730 m

Mit dem Auto: Von St. Pölten (A1) B20 über Annaberg und Mariazell nach Gusswerk, B24 5,5 km Richtung Wildalpen zum GH Franzbauer. Oder von Süden über den Seebergsattel oder de5 Niederalpl nach Gusswerk und weiter wie oben.

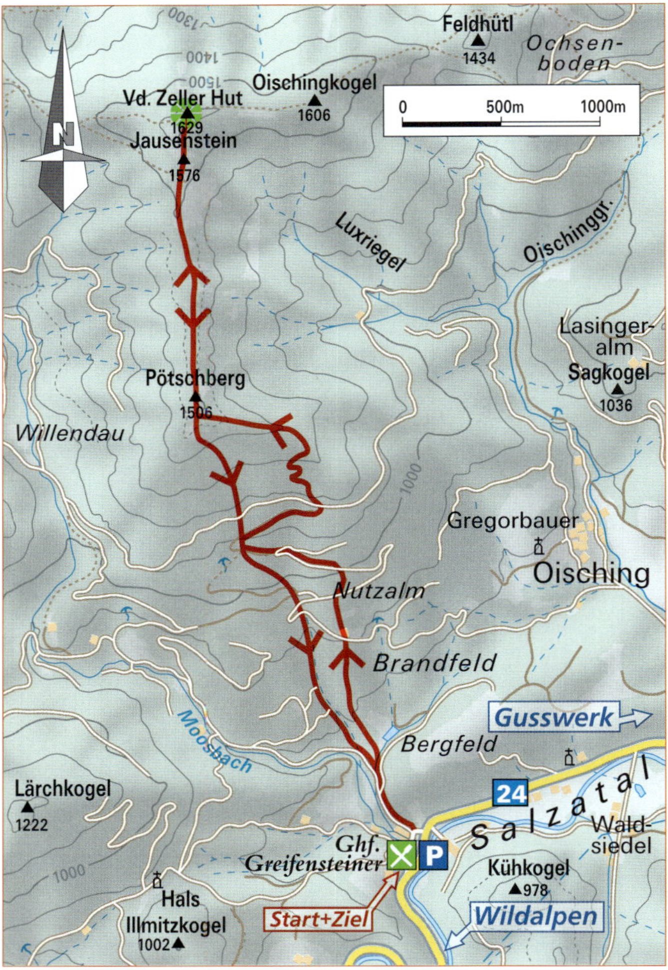

Orientierung: Guter Orientierungssinn erforderlich.

Karten: ÖK 72, 102, UTM 4210

GPS-Wegpunkte (UTM/WGS 84): Start/Ziel O 518805, N 5285025. Pötschberg O 517700, N 5287275. Vorderer Zellerhut O 517610, N 5288705.

Lawinengefahr: Bei ungünstigen Verhältnissen im freien Hang beim Aufstieg auf den Pötschberg.

Aussicht: Ötscher, Gemeindealpe, Dürrenstein, Wald- und Mühlviertel, Türnitzer Alpen, Schneeberg, Rax, Schneealpe, Gippel, Göller, Veitsch, Hochschwab, Gesäuse, Totes Gebirge.

Einkehr unterwegs: keine

Einkehr danach: GH Franzbauer (Greifensteiner) (Mi Rt)

Aufstieg:

Vom Gasthaus kurz nach Norden und links (Schild Moosbach) auf der Forststraße flach talein. Beim zweiten Forstweg rechts, dann bald links im Wald über einen Rücken aufwärts zu einer Lichtung, 900 m. Weiter zur nächsten Lichtung (Nutzalm) und kurz danach zu einer Forststraße. Diese kurz rechts, dann über einen Schlag steiler hinauf wieder zur

Rückblick auf den Kammanstieg

Forststraße. Auf dieser links gemütlicher weiter. Bei einer Kehre gerade weiter nach Westen und im Wald den Forstweg abschneidend wieder zu diesem. Rechts zu seinem Ende, dort links kurz steiler hinauf zu einer anderen Forststraße. Darüber ein freier Hang. Diesen (Vorsicht bei Lawinengefahr!) empor und rechts haltend zum Rücken, 1300 m. Über den schönen Rücken höher auf den Pötschberg. 2½ Std.
Weiter, genau nach Norden, folgt der maximalen Schneeschuhwandergenuss bietende Übergang zum Vorderen Zellerhut: Zunächst in einen Sattel, dann über eine kleine Kuppe, dann wieder ein Sattel, dann an einem Felsen rechts herum. Nach einem Flachstück hinauf auf den Jausenstein (am steilen Felsaufschwung links herum), weiter aufwärts und zuletzt rechts hinüber zum Gipfel (kein Kreuz, kein Zeichen). 1 Std.

Abstieg:
Zurück auf den Pötschberg. ¾ Std.
Von dort zunächst direkt nach Süden (kleine Lichtungen), dann leicht links haltend im schönen Hochwald genussvolle Rutschstrecken zu einer Forststraße, 1170 m. Weiter nach Süden zurück zur Aufstiegsspur und zur Forststraße, 1070 m. Nun nach Südosten im Wald schräg links zu einem sich ausbildenden Graben und in diesem abwärts, bald einige Forstwege und Forststraßen kreuzend, hinunter zum Moosbach und zurück zum Start.
1½ Std.

Tipps und Varianten:

- Kombination mit Tour 57 auf den Oischingkogel. Übergang zwischen Oischingkogel und Vorderem Zellerhut einfach, lediglich die letzten Meter zum Vorderen Zellerhut sind schmal und erfordern einen sicheren Tritt. Transfers zurück zum Ausgangspunkt bedenken.

59 Großer Zellerhut, 1639 m

Viel mehr als nur eine Gipfeltour

Die Zellerhüte, mehrere annähernd gleich hohe, hutartig geformte Gipfel bei Mariazell, sind in diesem Buch mit drei eigenständigen, anspruchsvollen Touren sehr prominent vertreten. Auf den Großen Zellerhut führt eine Route, die neben dem Anstieg eine absolute Spezialität zu bieten hat: den abenteuerlichen Gang durch den wildromantischen Graben der Weißen Ois, des Oberlaufs der Ybbs. Gespür für die richtige Spuranlage ist hier der Schlüssel zum Erfolg, bevor der tatsächliche Aufstieg auf den Aussichtsberg beginnen kann.

Route: Neuhaus–Jägertalhöhe–Weiße Ois–Großer Zellerhut–Faltlhöhe–Neuhaus

Charakter und Anforderungen: Technisch anspruchsvolle, lange Tour, mit Tücken im Tal der Weißen Ois, dann problemloser weiterer Aufstieg. Beim Rückweg muss einer Wildfütterung großräumig ausgewichen werden.

Zeit: 7 Std.

Höhenunterschied: 900 m

Distanz: 14 km

Start und Ziel: Neuhaus, 989 m

Mit dem Auto: Von St. Pölten (A1) B20 nach Mitterbach und über den Erlaufsee und den Zellerrain nach Neuhaus. Oder von Ybbs (A1) B25 über Scheibbs und Gaming und auf dem Grubberg abzweigen auf die B71 nach Neuhaus.

Orientierung: Sehr guter Orientierungssinn und besonders im Tal der Weißen Ois gute Geländebeurteilung (Bachüberquerungen) erforderlich.

Karten: ÖK 72, UTM 4210

GPS-Wegpunkte (UTM/WGS 84): Start/Ziel O 513530, N 5292945. Jägertalhöhe O 512165, N 5291345. Lichtung südlich der Faltlhöhe: im Tal der Weißen Ois: O 513425, N 5290310. Großer Zellerhut O 515025, N 5288960.

Lawinengefahr: Im Tal der Weißen Ois sind einige steile Seitenflanken mitunter heikel.

Aussicht: Türnitzer Alpen, Mürzsteger Alpen, Veitsch, Rax, Schneeberg, Schneealpe, Hochschwab, Totes Gebirge, Gesäuse, Dachstein, Niedere Tauern, Grimming, Kräuterin, Ybbstaler Alpen, Dürrenstein, Ötscher, Gemeindealpe.

Einkehr unterwegs: keine

Einkehr danach: GH Zellerrain (Di Rt), Langau: Landgasthof Taverne (Di Rt).

Aufstieg:
Auf einer Forststraße neben dem Faltlbach nach Süden talein zu einem Wildgatter. Durch dieses durch (oder, wenn zu, außen herum), dann am Ende der Lichtung schräg rechts auf einem Forstweg hinauf, bald vorbei an einem Kreuz und über den Rücken zu einer kreuzenden Forststraße. Weiter nach Südwesten auf dem Waldweg bis auf die Jägertalhöhe, 1157 m (Ausblicke). Nun abwärts zunächst nach Westen, (Blick zum Dürrenstein) und in einem Linksbogen ins Tal der Weißen Ois bei der Rehberghütte. 1½ Std.
Über herrlich verträumte Lichtungen talaufwärts und je nach Schneelage und Gelände einige Male den Bach übersteigen

Einfach schön!

(evtl. abschnallen und zu Fuß durchs seichte Wasser). Im zunehmend engen Graben auf eine markante Lichtung südlich der Faltlhöhe, 1050 m (dort nach Norden ein breiterer Waldweg). Weiter nach Osten und kurz nach dem nächsten von Süden einmündenden Graben rechts ab in ein Tälchen. 1 Std.

Bald links auf einen Rücken und über diesen weiter, dann durch eine Mulde und steiler links raus auf eine Schulter und nach Süden auf eine Lichtung, 1250 m. Weiter über den Waldrücken, der allmählich nach links eindreht, zum Westrücken des Großen Zellerhuts. Über diesen zuletzt steiler zum Gipfelkamm (Wechten nach Süden!) und ein flacher Übergang zum Kreuz. 2 Std.

Abstieg:

Abstieg wie Aufstieg zur Weißen Ois und links zur Lichtung unter der Faltlhöhe. Nach Norden auf einem Waldweg kurzer Anstieg in den Sattel, 1100 m, und jenseits beschaulicher Anstieg bis 1020 m, im Vordergrund eine große Lichtung mit Wildfütterung. Daher links ausscheren und im flachen Wald hinüber ins Jägertal. Dort von einer Lichtung links ab auf eine Forststraße, zurück zur Aufstiegsspur und rechts zurück zum Ausgangspunkt. 2½ Std.

Tipps und Varianten:

- Kürzere Tour auf den Großen Zellerhut ohne Begehung der Weißen Ois: Wie beim Abstieg (Wildfütterung ausweichen!) in der Gegenrichtung auf die Faltlhöhe und von der markanten Lichtung (weiterer Aufstieg siehe oben) auf den Gipfel. Spart gut 1½ Std.
- Schwarzkogel, 1426 m: Interessante Option bei weniger gutem Wetter bzw. bei Zeitmangel. Von der markanten Lichtung südlich der Faltlhöhe nach Süden in einen Graben. Dieser teilt sich bald, im rechten Ast weiter. Unter Felsen vorbei und hinauf auf einen flachen Rücken. Im Wald nach Süden weiter ansteigen und nach einer kurzen, heiklen Querung in einen Sattel, 1242 m, Bildstock. Rechts auf eine Kuppe und jenseits nach Westen weiter in den nächsten Sattel. Dann über den Schallenkogel hinweg und aus dem dritten Sattel mittelsteiler Anstieg, zuletzt über Lichtungen, auf den Schwarzkogel. Abstieg wie Aufstieg zurück in den Sattel östlich des Schallenkogels. Nun nach Norden im sich ausbildenden schönen Graben genussvoll abwärts und zurück zur Lichtung südlich der Faltlhöhe. Von der Lichtung zum Gipfel und zurück 2½ Std. Weiterer Rückweg wie beim Großen Zellerhut, siehe oben.

Weitere Tourentipps

Ausblick auf weitere interessante Schneeschuhwandergebiete in Ostösterreich:

Wienerwald

Selbstverständlich besteht auch im Wienerwald die Möglichkeit zum Schneeschuhwandern. Meist werden seine Gipfel und waldreichen Höhenzüge im Rahmen von Winterwanderungen aufgesucht, aber bei entsprechend hoher Schneelage kann es durchaus vorkommen, dass die Touren nur mit Schneeschuhen durchführbar sind.
Lohnende Ziele: Anninger, Höllenstein, Hoher Lindkogel, Peilstein, Schöpfl, Gföhlberg, Hegerberg, Kukubauerwiese, Steinwandleiten, Rudolfshöhe bei Wilhelmsburg. Die Routenwahl ist vielfältig und wird sich nach den markierten Wanderwegen richten.
Und was das Beste ist: Alle diese Berge sind im Gipfelbereich mit – im Winter zumindest an Wochenenden – bewirtschafteten Hütten ausgestattet!

Die oststeirischen „Alpen"

Fischbacher Alpen, Gleinalpe, Stubalpe, Packalpe, Koralpe, Seetaler Alpen, Saualpe.
Diese ausgedehnten waldreichen Gebirgszüge, bisher im Winter links liegen gelassen, bergen unerschöpfliches Schneeschuhwanderpotenzial. Sie weisen kaum technische Schwierigkeiten auf, die Lawinengefahr ist gering, die Distanzen können von kurz bis endlos lang variiert werden.

Hochschwab

Das weitläufige Plateaugelände ist fürs Schneeschuhwandern wie geschaffen. Allerdings muss es erst einmal erreicht werden, und diese Wege sind meistens lang und oft mit knackigen Schlüsselstellen versehen. Aus diesem Grund sind nur wenige Zugänge geeignet:

Von Süden (Tragöss): Aufstieg auf der Russenstraße zur Sonnschienhütte (bew. Weihnachten bis 6. Jän. und zu Ostern, im Nov., Dez. und ab März an WE). Von dort herrliche Tourenmöglichkeiten zu benachbarten Almen und auf zahlreiche Gipfel (Ebenstein, Hochwart, Kulmstein, Pribitz etc. Guter Orientierungssinn unbedingt erforderlich. Bei schlechtem Wetter und Nebel ist mit dieser Gegend nicht zu spaßen!

Von Norden: Wildalpen/Hinterwildalpen: Touren von Winterhöh Richtung Kreuzpfäder. Schöne, stimmungsvolle Wälder, aber kaum Gipfeloptionen.

Eine Sonderstellung kommt dem abgesetzten Stock der Zeller Staritzen zu. Diese sind von Osten von Wegscheid aus durch das Türntal und das Ramertal einfach erreichbar und prädestiniert fürs Schneeschuhwandern. Wem es als Tagestour zu lang wird, der kann sich ja in den Schnee einbuddeln und im warmen Schlafsack für eine Nacht Winterschlaf halten!

Daneben können einige aussichtsreiche Vorgipfel empfohlen werden: im Osten Oisching, 1699 m, und Schießling, 1667 m, im Süden Floning, 1583 m, und Tahlerkogel, 1655 m.

Totes Gebirge

Geländebedingt neben Hochschwab und Dachstein der dritte Schneeschuh-Idealfall, diesmal mit drei Aufstiegshilfen auf die Hochflächen: Sessellift Altaussee–Loser, Sessellift Bad Mitterndorf–Tauplitzalm, Schrägaufzug Pyhrnpass–Wurzeralm. In allen drei Fällen muss man zunächst den Trubel der Pisten hinter sich lassen, um dann in die Ruhe des weitläufigen, welligen Plateaugeländes eintauchen zu können, wo wieder einmal sehr guter Orientierungssinn erforderlich ist. Interessant ist die Möglichkeit einer großzügigen mehrtägigen Überschreitung auf der Strecke Tauplitzalm–Pühringerhütte (Winterraum)–Wildenseehütte (Winterraum)–Loserhütte/Altaussee oder Ischlerhütte (Winterraum)–Rettenbachtal. Die Etappen sind lang, Nebel ist ein totaler Spielverderber, und bei einem Wetterumsturz sitzt man ganz schön in der Falle. Fluchtwege sollte man sich daher schon vorher genau überlegen, noch gescheiter ist es, bei ungünstiger Prognose gar nicht erst zu starten.

Dachstein

Ein Schneeschuh-Dorado, das schon einen ausgezeichneten Ruf erlangt hat. Der „Einstieg“ erfolgt mit Seilbahnhilfe, entweder von Süden (Ramsau–Hunerkogel) oder von Norden (Obertraun–Krippenstein). Die Simonyhütte ist ein ganzjährig bewirtschafteter Stützpunkt. Das wellige Hochplateaugelände (Orientierungssinn unbedingt erforderlich) beschert einmalige landschaftliche Eindrücke und großen Aussichtsgenuss. Allerdings ist der Dachstein auch wegen seiner Wetterextreme berüchtigt.

Niedere Tauern

An sich sind kristalline Gebirgsformen mit ihren langen Tälern und steilen Bergflanken weniger Schneeschuh-freundlich als etwa Kalkgebirge. Auch in den Niederen Tauern gibt es daher nur wenige Gebiete, die sich für das Schneeschuhwandern anbieten. Diese sind:

- Planneralm: Ein für den Skisport erschlossener, weiter Karboden, der auch für Schneeschuhwanderer genügend Freiraum bietet und aufgrund seiner Höhenlage (1600 m) schon im Frühwinter schneesicher ist (Schoberspitze, Karlspitze, Plannerknot).
- Hohentauern: Ein ideales Anfängergelände: schöne Wälder, geringe Höhenunterschiede, aber kaum schneeschuhwandertaugliche Gipfel.
- Darüber hinaus stellen alle vorgelagerten, leichter erreichbaren und die Baumgrenze nicht oder nur kaum überragenden Gipfel in allen Teilen der Niederen Tauern interessante und empfehlenswerte Tagesziele dar.

Gipfelregister

Seite	Tour		Bewertung	Gehzeit	Aufstieg	Distanz	Einkehr unterwegs	Karte(n)	Öffis
Gutensteiner Alpen									
37	1	Hocheck Nord		4 Std.	650 Hm	11 km	ja	ÖK 57, 75, 4330, 4206	ja
38	1	Hocheck Ost		3½ Std.	650 Hm	9,5 km	ja	ÖK 57, 75, 4330, 4206, 5201	ja
41	2	Kieneck		5½ Std.	800 Hm	12,5 km	nein	ÖK 75, 4206	ja
45	3	Unterberg		4 Std.	600 Hm	9 km	ja	ÖK 74, 4206	nein
48	4	Almesbrunnberg & Steinwandklamm		3½ Std.	570 Hm	8 km	nein	ÖK 75, 4206	ja
51	5	Dürre Wand		5½ Std.	800 Hm	12,5 km	nein	ÖK 75, 4206	nein
54	6	Hohe Wand		5 Std.	730 Hm	12 km	ja	ÖK 75, 4206	nein
59	7	Kiensteiner Öde		2 Std.	170 Hm	4,5 km	nein	ÖK 74, 4205	nein
62	8	Schwarzwaldeck		2½ Std.	150 Hm	6,5 km	nein	ÖK 74, 4205	nein
63	9	Hochstaff		3 Std.	400 Hm	6 km	nein	ÖK 74, 4205	nein
65	10	Reisalpe		3¾ Std.	500 Hm	8,5 km	nein	ÖK 74, 4205	nein
67	11	Hegerberg		3½ Std.	500 Hm	7 km	nein	ÖK 74, 4205, 4206	nein
69	12	Jochart		3¾ Std.	620 Hm	7,5 km	nein	ÖK 74, 4206	nein
72	13	Handlesberg		5 Std.	750 Hm	9,5 km	nein	ÖK 74, 4206	nein
74	14	Traisner Hinteralm		3¾ Std.	400 Hm	10 km	ja	ÖK 74, 4205	ja
Türnitzer Alpen									
81	15	Türnitzer Höger		6½ Std.	1250 Hm	13 km	ja	ÖK 73, 74, 4205	ja
84	16	Paulmauer		4¼ Std.	750 Hm	11,5 km	ja	ÖK 73, 4205	ja
87	17	Enzian		3 Std.	550 Hm	5 km	nein	ÖK 73, 4205	nein
89	18	Hohenstein		5 Std.	850 Hm	12,5 km	nein	ÖK 73, 4205	nein
92	19	Eisenstein		4½ Std.	680 Hm	10 km	ja	ÖK 73, 4205	nein
95	20	Geißenberg/Mitterkeil		4½ Std.	770 Hm	11 km	nein	ÖK 72, 73, 4204, 4205	nein
98	21	Hochstadelberg		2½ Std.	280 Hm	5 km	nein	ÖK 72, 4204	nein
101	22	Hennesteck		4½ Std.	530 Hm	11,5 km	ja	ÖK 72, 73, 4204, 4205	ja
105	23	Großer Kegel		3½ Std.	350 Hm	10 km	nein	ÖK 73, 4205	ja
108	24	Von Annaberg nach Türnitz		6½ Std.	750 Hm	15 km	nein	ÖK 73, 4205	ja
112	25	Tirolerkogel		4 Std.	550 Hm	7 km	ja	ÖK 73, 4205	ja
115	26	Großer Sulzberg		4 Std.	600 Hm	7,5 km	nein	ÖK 73, 4205	nein
117	27	Bichleralpe West		3½ Std.	370 Hm	7,5 km	nein	ÖK 72, 73, 4204, 4205	ja
118	27	Bichleralpe Nord		3½ Std.	500 Hm	7 km	nein	ÖK 73, 4205	nein
119	27	Bichleralpe Süd		3½ Std.	480 Hm	6,5 km	nein	ÖK 73, 4205	nein

122	28	Schwarzkogel		5 Std.	750 Hm	11 km	nein	ÖK 73, 4205, 4211	nein
125	29	Hochbärneck		2½ Std.	200 Hm	5,5 km	ja	ÖK 72, 4204	nein
Schneeberg, Rax, Semmering, Stuhleck, Wechsel									
129	30	Kuhschneeberg		6¾ Std.	900 Hm	15,5 km	ja	SR, ÖK 74, 4206, 4212	nein
134	31	Hoher Hengst		5¾ Std.	900 Hm	15 km	ja	SR, ÖK 75, 4212	ja
137	32	Eng und Bodenwiese		6 Std.	800 Hm	15 km	nein	SR, ÖK 105, 4212	ja
141	33	Rax		5½ Std.	600 Hm	13,5 km	ja	SR, ÖK 104, 4212	ja
146	34	Kampalpe		4½ Std.	720 Hm	11 km	nein	ÖK 104, 4212	ja
149	35	Stuhleck 2-Tage-Tour		8 + 5 Std.	1000 + 200 Hm	16 + 15 km	ja	ÖK 104, 105, 4212, 4217, 4218	ja
154	36	Hochwechsel		8 Std.	1100 Hm	17,5 km	u.U.	ÖK 105, 4218	nein
Mürzsteger Alpen									
161	37	Kreuzschober		4½ Std.	800 Hm	13 km	ja	ÖK 103, 104, 4211, 4217	ja
167	38	Turntaler Kogel		3¾ Std.	680 Hm	7,5 km	nein	ÖK 73, 4211	nein
169	39	Rauschkogel		4 Std.	760 Hm	7 km	nein	ÖK 73, 4211	nein
172	40	Kleiner Wildkamm		4 Std.	700 Hm	7 km	nein	ÖK 103, 4211	nein
175	41	Großer Königskogel		5 Std.	800 Hm	9 km	nein	ÖK 103, 4211	nein
178	42	Große Proles		4¼ Std.	750 Hm	7,5 km	nein	ÖK 103, 4211	nein
182	43	Hinteralm/Spielkogel		6 Std.	850 Hm	12,5 km	ja	ÖK 103, 4211	nein
185	44	Donnerwand		5¾ Std.	1000 Hm	11 km	nein	ÖK 103, 4211	nein
189	45	Grasgrabenhöhe		5 Std.	700 Hm	11 km	nein	ÖK 103, 104, 4211	nein
192	46	Steinerkogel		5½ Std.	730 Hm	11,5 km	nein	ÖK 73, 74, 103, 104, 4211	nein
195	47	Mitterberg		5¼ Std.	700 Hm	11 km	nein	ÖK 73, 103, 4211	nein
198	48	Obersberg		5 Std.	900 Hm	11 km	nein	ÖK 74, 4206	nein
201	49	Schnalzstein		4½ Std.	630 Hm	10,5 km	nein	ÖK 73, 4211	nein
204	50	Göller		6 Std.	1000 Hm	10 km	nein	ÖK 73, 4211	nein
208	51	Wildalpe		5 Std.	600 Hm	11,5 km	nein	ÖK 73, 4211	nein
210	51	Wildalpe		4 Std.	700 Hm	8,5 km	nein	ÖK 73, 4211	nein
213	52	Hohe Student		6 Std.	900 Hm	13,5 km	nein	ÖK 73, 103, 4211	nein
217	53	Tonion		7 Std.	1100 Hm	14 km	nein	ÖK 103, 4211	nein
Ybbstaler Alpen									
224	54	Rainstock		4¾ Std.	530 Hm	10,5 km	nein	ÖK 72, 4204	nein
227	55	Breimauer		3½ Std.	450 Hm	8,5 km	nein	ÖK 72, 4204	nein
231	56	Gemeindealpe		4¼ Std.	650 Hm	10,5 km	nein	ÖK 72, 4204	nein
234	57	Oischingkogel		6 Std.	1050 Hm	11 km	nein	ÖK 72, 4204	nein
237	58	Vorderer Zellerhut		5¾ Std.	1000 Hm	9 km	nein	ÖK 72, 102, 4210	nein
241	59	Großer Zellerhut		7 Std.	900 Hm	14 km	nein	ÖK 72, 4210	nein

Literaturtipps

Schneeschuh-spezifisch

Christian Schneeweiß: Schneeschuhgehen. München: Bruckmann-Verlag 2003

Frank Simoneit: Schneeschuhwandern – Technik, Touren, Tipps. Stuttgart: Verlag Pietsch 2007

Schnee und Lawinen

Werner Munter: 3 x 3 Lawinen. München: Bergverlag Rother 2003

Stop or Go – Risikomanagement auf Skitour. Innsbruck: Oesterr. Alpenverein 2008

Notfall Lawine – Effiziente Hilfe nach einem Lawinenunfall. Innsbruck: Oesterr. Alpenverein 2008